다풀이
수학시리즈
1

고등학교 문제로 엮은

다풀이 수학

오 혜 미 지음

KYOWOOSA 교우사

머리말

문제해결에 있어서도 하나의 방법으로만 접근 가능한 경우가 있는가 하면, 같은 해답에 이르지만 다양한 문제해결방법이 존재하는 경우도 있다. 미국 수학회에서 발간하는 Mathematics Magazine과 같은 외국 저널에서도 여러 사람의 풀이를 소개하는 것처럼, 수학자들의 세계에서는 다양한 문제해결방법을 논문으로 발표하고 이를 중심으로 논쟁이 생기기도 한다.

학교 수학 수업이나 평가에서는 다양한 풀이는 그다지 주목받지 못하였다. 수학 수업 시간에 다양한 풀이가 제시되어도 교사와 학생은 가장 간략하고 간단한 풀이에만 주목 할 뿐, 풀이의 독창적인 아이디어에 주목하기 쉽지 않았다. 또한 평가에서도 다양한 풀이가 제시되는 문제는 평가 목적을 벗어나기 쉬울 수 있으므로 교사들은 되도록 다양한 풀이가 제시되지 않도록 문항을 구성하며, 서술형 문항도 예외일 수 없었다. 이는 대부분의 수업과 평가가 문제의 정답을 도출하는데 목적을 두었기 때문이다.

하지만, 하나의 문제는 쉬운 수준의 풀이부터 심화 수준의 풀이까지 난이도 면에서 다양할 수 있으며, 비슷한 아이디어라도 중간 과정이 달라질 수 있다. 한 문제에 대한 다양한 풀이를 제시하려는 시도나 다양한 풀이를 이해하려는 시도 모두 새로운 형태의 교수학습이 될 수 있다. 또한, 수학을 못 하는 학생도 쉬운 수준의 풀이를 이해하고 제시하는 과정을 통해 수학에 대해 흥미와 자신감을 가지게 되는 첫걸음이 될 수 있다.

실제로 다양한 풀이를 모으는 공지를 게시하는 순간, 학생들 사이의 선의의 경쟁이 펼쳐지기도 한다. 지금까지 수학 수업과 평가에서 교사와 학생이 가장 쉽고 간략한 풀이에만 주목하였다면, 수학 교수 학습에 있어서 다양한 풀이를 통해 나와 다른 다양한 생각에 관심을 가지고 수학적 사고력이 향상될 수 있다. 또한 서술형 평가에서 나타날 수 있는 다양한 풀이는 학습에 환류될 수 있다.

지금까지 집필하였던 다양한 풀이에 관한 원고와 학교 수업시간에 다루었던 다양한 풀이를 모아 책을 구성하였다. 다양한 풀이에 관심을 가지고 있는 학생들과 선생님들이 많았으며, 이에 대한 자료 요청이 있었기에, 책으로 발간하게 되었다. 앞으로 학생들의 적극적인 참여를 도모하고 다양한 선생님들의 참여를 통해 다양한 풀이가 학습과 평가에 연계될 수 있길 꿈꿔본다.

다풀이 수학 구성 알아보기

다풀이 (2)

수학교과에서 부등식은 대수영역 뿐만 아니라 해석영역과 기하영역 등 많은 수학의 영역에서 문제해결의 수단으로서 중요한 위치를 차지하고 있다. 대수영역에서 $x=y$임을 보이거나 기하영역에서 주어진 두 변의 길이가 같음을 보이는 문제에서 $x \geq y$이고 $x \leq y$이면, $x=y$임을 이용하면 쉽게 문제를 해결할 수 있는 것이 좋은 예일 것이다. 중등학교 교육과정에서는 중학교 2학년 수학에서 일차 부등식을 다루게 되고, 그 후 고등학교 1학년에서부터 3학년 교육과정에 이르기까지 내용이 연결되어 있을 뿐만 아니라 다른 영역에서도 부등식이 많이 활용되고 있다. 따라서 부등식에 대한 정확한 이해가 이루어지지 않으면 후속학습과 수학 문제해결에 어려움을 줄 수 있다.

다풀이 [2]의 풀이들은 2009 개정 교육과정을 기준으로 할 때, 수학 I 과목의 방정식과 부등식, 도형의 방정식 영역, 수학 II 과목의 집합과 명제, 함수, 지수와 로그 영역, 미적분 II 과목의 지수함수와 로그함수 영역과 관련된 풀이가 나타났다.

> 문제와 관련된 수학 개념 및 수학 교육학 내용을 간단히 서술하고 있으며, 제시된 문제의 다양한 풀이와 관련된 2009 개정 교육과정의 과목, 영역, 내용을 제시하고 있다.

수학 I		수학 II	
영역	내용	영역	내용
방정식과 부등식	• 이차방정식과 이차함수 • 여러 가지 부등식	집합과 명제	• 명제
		함수	• 유리함수와 무리함수
도형의 방정식	• 평면좌표		
	• 직선의 방정식	지수와 로그	• 지수 • 로그
미적분 II		**확률과 통계**	
영 역	내 용	내 용	
지수함수와 로그함수	• 지수함수와 로그함수의 뜻과 그래프	순열과 조합	• 경우의 수

※ 수학 II 과목의 명제 내용에서 절대부등식(산술-기하 평균)을 다룬다.

> 제시된 문제의 다양한 풀이를 이해하는데 필요한 2009 개정 교육과정의 과목, 영역, 내용을 표로 나타내고 있다.

문제

a, b, c가 서로 다른 세 양수일 때, $\frac{c}{a} > \frac{a}{b} > \frac{b}{c}$이면 a, b, c중 c가 최대임을 증명하여라.

> 문제를 제시하고 있다.

풀이 1 경우의 수를 이용함.

덧붙여 a, b, c의 값이 각각 최대일 경우로 나누어, 성립할 수 있는 모든 경우를 생각하여 문제를 해결할 수 있다.

(1) a가 최댓값이라고 하자.

$a^2 > ab > bc$이므로 $bc > a^2$이고 이것은 $\frac{c}{a} > \frac{a}{b}$의 조건에 모순이 된다.

따라서 a는 a, b, c중 최댓값이 될 수 없다.

(2) b가 최댓값이라고 하자.

$b^2 > ab > ac$이므로 $ac > b^2$이고 이것은 $\frac{a}{b} > \frac{b}{c}$의 조건에 모순이 된다.

따라서, b는 a, b, c중 최댓값이 될 수 없다.

그러므로, a, b, c중 최댓값이 될 수 있는 것은 오직 c이다.

> 다양한 풀이 중에서 다른 풀이와 구별되는 아이디어를 포함한 풀이는 풀이 1과 같이 단독 번호로 제시하였으며, 그 옆에 간단한 풀이 전략을 나타내고, '덧붙여'를 통해 풀이 전략을 자세히 서술하였다. '풀이 1'과 '덧붙여'만 살펴본 후, 풀이를 작성해보길 추천한다.

풀이 2-1	부등식에서 실수의 성질을 이용함.
덧붙여	두 부등식에서 양변에 양수를 나누어도 부등식이 유지됨을 이용하여 문제를 해결할 수 있다.

$\frac{c}{a}>\frac{a}{b}>\frac{b}{c}$이므로 $c^2>ab\cdots$①, $ac>b^2\cdots$②, $cb>a^2\cdots$③ 이 성립한다.

①, ②의 부등식에 나눗셈을 적용하면 $\frac{ac}{ab}>\frac{b^2}{c^2}$이 성립한다.

즉, $\frac{c}{b}>\frac{b^2}{c^2}$이 되어 $c^3>b^3$이다. 즉, $c>b$이다.

마찬가지로 ①, ③의 부등식에 나눗셈을 적용하여 정리하면 $c>a$가 됨을 알 수 있다. 따라서 c가 최댓값이 된다.

풀이 2-2	부등식에서 실수의 성질을 이용함.
덧붙여	부등호의 방향이 같은 두 부등식을 더해도 부등식이 유지됨을 이용하여 문제를 해결할 수 있다.

$\frac{c}{a}>\frac{a}{b}>\frac{b}{c}$이므로 $c^2>ab\cdots$①, $ac>b^2\cdots$②, $cb>a^2\cdots$③ 이 성립한다.

①, ②의 부등식의 각 변을 더하면

$c^2+ac>ab+b^2$, $c^2-b^2>a(b-c)$, $(c-b)(c+a)>a(b-c)$, $(b-c)(a+b+c)<0$

와 같이 정리된다. 여기서 $a+b+c>0$이므로 $b-c<0$이 되므로 $c>b$이다. 또한, 마찬가지로 ①, ③의 부등식에서 $c>a$가 성립한다. 따라서 c가 최댓값이 된다.

풀이의 아이디어는 비슷하지만, 세부 과정이 다르거나, 일부분은 동일하고 그 외의 부분은 다른 경우, '풀이 2-1', '풀이 2-2'와 같이 설정하였으며 '덧붙여'에 자세한 풀이 전략을 서술하였다.

차례

문제

x^4-5x^2+4를 $(x+1)^2(x-2)$로 나눈 나머지를 구하여라.

문제

a, b, c가 서로 다른 세 양수일 때, $\frac{c}{a}>\frac{a}{b}>\frac{b}{c}$이면 a, b, c중 c가 최대임을 증명하여라.

문제

점 $\mathrm{P}(3,-1)$에서 원 $x^2+y^2=5$에 그은 두 접선의 접점을 각각 A, B라고 할 때, 직선 AB의 방정식을 구하여라.

문제

네 점 $\mathrm{A}(0,0)$, $\mathrm{B}(a,0)$, $\mathrm{C}(a,a)$, $\mathrm{D}(0,a)$를 꼭짓점으로 하는 사각형 ABCD가 있다. 선분 AB의 중점을 M이라 하고, 선분 DM에 대하여 A의 대칭점을 E라 할 때, $\triangle$EBC의 넓이가 10이 되는 양수 a의 값을 구하여라.

■ 다풀이 (5): 풀이 12개 / 67쪽

문제

그림과 같이 $\angle ABC = 90°$, $\angle BAC = 60°$, $\overline{BC} = 6$인 직각삼각형 ABC와 $\angle BDC = 90°$, $\angle DBC = 45°$인 직각삼각형 DBC가 있다. 두 선분 AC와 BD의 교점을 E라 할 때, 선분 CE의 길이를 구하여라.

■ 다풀이 (6): 풀이 11개 / 82쪽

문제

실수 x, y가 $2x^2+y^2=2$를 만족할 때, $4x+y^2$의 최댓값을 M, 최솟값을 m이라 하자. 이때, $M+m$의 값을 구하여라.

■ 다풀이 (7): 풀이 6개 / 98쪽

문제

그림과 같이 $\overline{AB}=\overline{DC}$이고 $\overline{AD} \mathbin{/\!/} \overline{BC}$인 사다리꼴 ABCD에서 선분 AB, 선분 BC, 선분 CD, 선분 DA의 중점을 각각 E, F, G, H라고 할 때, $\overline{EH} \mathbin{/\!/} \overline{FG}$이고 $\overline{EH}=\overline{FG}$임을 보이시오.

■ 다풀이 (8): 풀이 8개 / 106쪽

문제

네 점 $A(a, 1), B(3, 5), C(7, 3), D(b, -1)$을 꼭짓점으로 하는 사각형 ABCD가 마름모일 때, a, b의 값을 각각 구하여라.

■ 다풀이 (9): 풀이 5개 / 128쪽

문제

그림과 같이 폭이 1인 두 평행선 l_1, l_2가 있다. l_1위의 두 점 A, C과 l_2위의 점 B가 $\angle ABC=90°$을 만족시킨다. $\angle CAB=\theta$라 할 때, 다음 두 물음에 답하여라.

■ 다풀이 (10): 풀이 5개 / 114쪽

문제

$\angle BAC = 90^\circ$ 인 직각삼각형 ABC에서 선분 BC의 연장선 위에 $\angle ABC = \angle CAD$가 되도록 점 D를 잡는다. $\angle ABC = \theta$라고 할 때, 선분 AD의 길이를 θ로 나타내어라.

■ 다풀이 (11): 풀이 7개 / 134쪽

문제

$0 \le \theta \le 2\pi$일 때, $\dfrac{1}{3+4\sin^2\theta} + \dfrac{1}{3+4\cos^2\theta}$의 최솟값을 구하여라.

■ 다풀이 (12): 풀이 12개 / 140쪽

문제

직사각형 ABCD 의 꼭짓점 D 에서 대각선 AC 에 그은 수선의 발을 E라 하면, $\angle AEB = 30^\circ$ 이다. $\overline{AB} = 1$일 때, $\overline{BC} = a$ 를 구하여라.

■ 다풀이 (13): 풀이 10개 / 159쪽

문제

다음 부등식을 만족하는 음이 아닌 정수해의 모든 쌍 (x, y, z, u)의 개수를 구하여라.

$$x + y + z + u < 6$$

■ 다풀이 (14): 풀이 2개 / 173쪽

문제

1에서 8까지의 자연수를 일렬로 나열할 때, 1과 8사이에 적어도 하나의 짝수가 나열될 확률을 구하여라.

■ 다풀이 (15): 풀이 5개 / 176쪽

문제

양수 x, y에 대하여 $4x + y = 16$일 때, $\log_2 x + \log_2 y$의 최댓값을 구하여라.

다풀이 (1)

수학 용어의 이해는 수학자들이 수학을 학문적으로 연구하는 상황에서 뿐만 아니라 학생들의 수학 교수-학습 과정에서도 매우 중요하다. 중고등학교 수학 수업의 많은 부분이 수학적 개념을 나타내는 수학 용어를 이해하고, 이를 적용하여 숙달하는데 많은 시간을 할애하고 있기 때문이다.

다풀이 [1]의 풀이들은 2009 개정 교육과정을 기준으로 할 때, 수학 I 과목의 다항식 영역, 미적분 I 과목의 다항함수의 미분법 영역과 관련된 풀이가 나타났으며, 교육과정 외의 개념을 이용한 풀이는 유클리드 호제법, 다항식의 차수 비교를 이용하여 해결한 것이었다.

수학 I		미적분 I	
영역	내용	영역	내용
다항식	• 다항식의 연산 • 나머지정리 • 인수분해	다항함수의 미분법	• 미분계수 • 도함수 • 미분계수

교육과정 외
내용
• 유클리드 호제법 • 다항식의 차수 비교

문제

x^4-5x^2+4를 $(x+1)^2(x-2)$로 나눈 나머지를 구하여라.

❙ 풀이 1-1 나머지의 차수를 고려하여 몫의 식을 고려함.

❙ 덧붙여 삼차식으로 나누었을 때의 나머지는 이차식, 일차식, 상수이므로 ax^2+bx+c의 꼴로 나타내고 문제를 풀 수 있다. 몫을 나타낸 다항식이 0이 되는 x의 값을 수치대입하여 문제를 해결할 수 있다.

몫을 $Q(x)$, 나머지를 ax^2+bx+c라고 하면

$$x^4-5x^2+4=(x+1)^2(x-2)Q(x)+ax^2+bx+c \quad \cdots ①$$

양변에 $x=-1,\ 2$를 대입하면

$$a-b+c=0,\ 4a+2b+c=0$$

$$\therefore\ b=-a,\ c=-2a$$

①의 우변에 대입하면

$$x^4-5x^2+4=(x+1)^2(x-2)Q(x)+ax^2-ax-2a$$

좌변을 인수분해하고, 우변을 정리하면

$$(x-1)(x+1)(x^2-4)=(x+1)^2(x-2)Q(x)+a(x+1)(x-2)$$

이 식의 양변을 $x+1$로 나누면

$$(x-1)(x^2-4)=(x+1)(x-2)Q(x)+a(x-2)$$

x에 관한 항등식이므로 $x=-1$을 대입하면 $6=-3a$이다. 즉, $a=-2$이다.

따라서 나머지는 $-2x^2+2x+4$ 이다.

❙ 풀이 1-2 나머지의 차수를 고려하여 다항식으로 표현함.

❙ 덧붙여 삼차식으로 나누었을 때의 나머지는 이차식, 일차식, 상수이므로 ax^2+bx+c의 꼴로 나타내고 문제를 풀 수 있다. 또한, 최고차항 x^4의 계수가 1임을 이용하여 나머지 정리를 활용하고 항등식의 성질을 이용하여 나머지를 구할 수 있다.

❙ 핵심 개념 항등식의 성질

1. 등식 $ax^2+bx+c=0$이 x에 관한 항등식이면 $a=b=c=0$이다.
   또한, $a=b=c=0$이면 등식 $ax^2+bx+c=0$은 x에 관한 항등식이다.

2. 등식 $ax^2+bx+c=a'x^2+b'x+c'$이 x에 관한 항등식이면 $a=a'$, $b=b'$, $c=c'$이다. 또한, $a=a'$, $b=b'$, $c=c'$이면 등식 $ax^2+bx+c=a'x^2+b'x+c'$은 x에 관한 항등식이다.

x^4의 계수가 1 이므로 몫을 $x+a$라 둘 수 있고 이때의 나머지를 bx^2+cx+d라고 하면

$$x^4-5x^2+4=(x+1)^2(x-2)(x+a)+bx^2+cx+d$$

이다. 위 식의 양변에

$x=-1$을 대입하면, $b-c+d=0\cdots$ ①
$x=2$을 대입하면, $4b+2c+d=0\cdots$ ②
$x=0$을 대입하면, $-2a+d=4\cdots$ ③
$x=1$을 대입하면, $-4a+b+c+d=4\cdots$ ④

를 얻을 수 있다. 이제 ①, ②, ③, ④를 연립하면 $a=0$, $b=-2$, $c=2$, $d=4$이다. 따라서 구하고자 하는 나머지는 $-2x^2+2x+4$이 된다.

❙ 풀이 1–3	나머지의 차수와 계수를 고려함.
❙ 덧붙여	나머지정리와 항등식의 성질을 이용하며, 특히 x^4의 계수가 1이고 x^3의 계수가 0임을 이용하여 계수비교법을 활용하면 문제를 해결할 수 있다.

❙ 핵심 개념 나머지의 정리

x에 관한 다항식 $P(x)$를 일차식 $x-\alpha$로 나누었을 때의 나머지를 R라고 하면 $R=P(\alpha)$이다.

$$x^4-5x^2+4=(x+1)^2(x-2)(x+a)+bx^2+cx+d$$
$$=(x^3-3x-2)(x+a)+bx^2+cx+d$$

여기서, x^3 의 계수가 0 이므로 $a=0$ 임을 알 수 있다.

그리고, 양변의 상수항을 비교하면 $d=4$ 이다.

따라서, $x^4-5x^2+4=x^4-3x^2-2x+bx^2+cx+4$ 가 성립한다.

이제 양변의 계수를 비교해 보면 $b=-2$, $c=2$이 됨을 알 수 있다.

따라서 나머지는 $-2x^2+2x+4$ 이다.

❙ 풀이 1-4 나머지의 차수 뿐만 아니라 각 차수의 계수도 고려함.

❙ 덧붙여 나머지정리와 항등식의 성질을 이용하여 해결할 수 있다.

$f(x)=x^4-5x^2+4$라 하면 $f(-1)=f(2)=0$이다. $f(x)$를 $(x+1)^2(x-2)$으로 나눈 몫을 $Q(x)$, 나머지를 $R(x)$라 하면, $f(x)=(x+1)^2(x-2)Q(x)+R(x)$로 나타낼 수 있다. 여기서 $(x+1)^2(x-2)$가 삼차식이므로 $Q(x)$는 일차식이고 $R(x)$는 이차식 이하임을 알 수 있다.

이때, $f(-1)=R(-1)=0$과 $f(2)=R(2)=0$이 성립하므로 $R(x)$는 이차식 $(x+1)(x-2)$를 인수로 가진다.

따라서, $Q(x)=ax+b$, $R(x)=c(x+1)(x-2)$라 하면,

$$f(x)=x^4-5x^2+4=(x+1)^2(x-2)(ax+b)+c(x+1)(x-2)$$
$$=ax^4+bx^3+(c-3a)x^2-(2a+3b+c)x-2b-2c$$

이다. 항등식이므로 계수를 비교하면, $a=1$, $b=0$, $c-3a=-5$, $2a+3b+c=0$, $2b+2c=4$이다. 따라서 $a=1, b=0, c=-2$이므로 나머지는 $-2(x+1)(x-2)$이다.

풀이 1-5	인수분해를 통해서 문제의 식을 간단히 함.
덧붙여	좌변을 인수분해하여 비교한 뒤 나눗셈을 이용하여 공통인수를 제하고 문제를 해결할 수 있다.

x^4-5x^2+4를 인수분해하면, $(x-1)(x-2)(x+1)(x+2)$가 된다. 다시 정리하면

$$x^4-5x^2+4=(x+1)(x-2)(x^2+x-2)$$

이다. x^4-5x^2+4를 $(x+1)^2(x-2)$로 나누는 것은 x^2+x-2를 $x+1$로 나누는 것과 같으며, 이때, 몫은 x이고 나머지는 -2이다. 따라서

$$\begin{aligned} x^4-5x^2+4 &= (x+1)(x-2)\{(x+1)x-2\} \\ &= (x+1)^2(x-2)x-2(x+1)(x-2) \end{aligned}$$

가 성립하므로 x^4-5x^2+4를 $(x+1)^2(x-2)$로 나눈 나머지는 $-2(x+1)(x-2)$이다.

풀이 1-6	풀이 1-5와 비슷하지만, 항등식의 성질을 이용함.
덧붙여	풀이 1-5와는 조금 다른 방법으로 좌변과 우변을 항등식의 성질을 이용하여 나머지를 구할 수 있다.

$x^4-5x^2+4=(x+2)(x-2)(x+1)(x-1)$ 임을 알 수 있다. 또한,

$$\begin{aligned} (x+2)(x-2)(x+1)(x-1) &= (x+1)^2(x-2)\mathrm{P}(x)+k(x+1)(x-2) \\ &= (x+1)(x-2)\{(x+1)\mathrm{P}(x)+k\} \end{aligned}$$

이 성립한다. 위 식의 좌변과 우변을 비교하면

$$(x+2)(x-1)=(x+1)\mathrm{P}(x)+k$$

이므로 양변에 $x=-1$을 대입하면 $k=-2$가 됨을 알 수 있다.

따라서 구하고자 하는 나머지 $k(x+1)(x-2)$는 $-2x^2+2x+4$ 이 된다.

풀이 2 다항식의 나눗셈으로 문제를 해결함

덧붙여 다항식의 나눗셈은 먼저 두 다항식을 내림차순으로 정리한 다음 자연수의 나눗셈과 같은 방법으로 해결할 수 있다. 이 문제의 경우 몫은 x이고 나머지는 $-2x^2+2x-4$이다.

핵심 개념 다항식의 나눗셈

다항식의 나눗셈은 제수와 피젯수에 해당되는 두 다항식을 차수가 높은 항부터 낮아지는 순서로 정리한 다음 자연수의 나눗셈과 같은 방법으로 한다.

예를 들어 $(-4x+4x^2+3)\div(-1+2x)$를 할 때 차수대로 $(4x^2-4x+3)\div(2x-1)$과 같이 정리하고 다음과 같이 계산한다.

$$\begin{array}{r|l}
 & \quad\quad 2x-1 \\ \hline
2x-1 & 4x^2-4x+3 \\
 & 4x^2-2x \\ \hline
 & \quad\;\; -2x+3 \\
 & \quad\;\; -2x+1 \\ \hline
 & \quad\quad\quad\;\; 2
\end{array}
\qquad \longleftarrow \text{몫} \longrightarrow \qquad
\begin{array}{r|r}
 & 26 \\ \hline
5 & 132 \\
 & 10 \\ \hline
 & 32 \\
 & 30 \\ \hline
 & 2
\end{array}$$

(나머지: 2 ⟵ 나머지 ⟶ 2)

<다항식의 나눗셈> <자연수의 나눗셈>

x^4-5x^2+4 를 $(x+1)^2(x-2)=x^3-3x-2$ 로 직접 나누어 보자.

$$\begin{array}{r|l} & x \\ \hline x^3-3x-2\,) & x^4-5x^2 \qquad +4 \\ & x^4-3x^2-2x \\ \cline{2-2} & \quad -2x^2+2x-4 \end{array}$$

이므로 나머지는 $-2x^2+2x-4$이다.

풀이 3-1	조립제법을 이용한 나눗셈을 이용함.
덧붙여	조립제법을 이용한 다항식의 나눗셈을 할 수 있다. 조립제법을 이용할 때 주의해야 할 점은 차수별로 모든 계수를 빠짐없이 써야 한다. 즉, 특정 차수의 항이 없을 때에는 그 계수를 0으로 한다.

$f(x)=x^4-5x^2+4=(x+1)^2(x-2)Q(x)+R(x)$라 두면

$$\begin{array}{r|rrrrr} -1 & 1 & 0 & -5 & 0 & 4 \\ & & -1 & 1 & 4 & -4 \\ \hline -1 & 1 & -1 & -4 & 4 & 0 \\ & & -1 & 2 & 2 & \\ \hline 2 & 1 & -2 & -2 & 6 & \\ & & 2 & 0 & & \\ \hline & 1 & 0 & -2 & & \end{array}$$

$$\begin{aligned} f(x) &= (x+1)(x^3-x^2-4x+4) \\ &= (x+1)\{(x+1)(x^2-2x-2)+6)\} \\ &= (x+1)[(x+1)\{(x-2)x-2\}+6] \\ &= (x+1)^2(x-2)x+\{-2(x+1)^2+6(x+1)\} \\ &= (x+1)^2(x-2)x+(-2x^2+2x+4) \end{aligned}$$

그러므로, $R(x)=-2x^2+2x+4$이다.

| 풀이 3-2 조립제법을 반복 이용함.

| 덧붙여 조립제법을 반복 이용하여 문제를 해결할 수 있다. 풀이 3-1의 정리과정을 살펴보면 위 문제 풀이에 대한 방법을 이해할 수 있다.

| 핵심 개념 조립제법

다항식 $P(x)=x^3-4x^2+7x+1$을 $x-2$로 나누면 이때 $P(x)$의 각 항의 계수만을 이용하여 아래와 같이 몫의 각 항의 계수와 나머지를 차례로 구할 수 있다. 이와 같이 다항식 $P(x)$를 일차식으로 나눌 때 $P(x)$의 각 항의 계수만을 이용하여 몫과 나머지를 구하는 방법을 조립제법이라고 한다.

조립제법을 이용하면, 다음과 같다.

$$
\begin{array}{r|rrrrr}
 & 1 & 0 & -5 & 0 & 4 \\
2) & & 2 & 4 & -2 & -4 \\
\hline
 & 1 & 2 & -1 & -2 & \boxed{0} \\
-1) & & -1 & -1 & 2 & \\
\hline
 & 1 & 1 & -2 & \boxed{0} & \\
-1) & & -1 & 0 & & \\
\hline
 & 1 & 0 & \boxed{-2} & &
\end{array}
$$

맨 마지막 줄에 $1, 0, \boxed{-2}$가 있으므로,

$$
\begin{aligned}
x^4-5x^2+4 &= x(x+1)^2(x-2)-2(x+1)(x-2) \\
&= x(x+1)^2(x-2)+\{-2x^2+2x+4\}
\end{aligned}
$$

이다. 따라서 나머지는 $-2x^2+2x+4$이다.

풀이 3-3	인수정리를 이용함.
덧붙여	다항식의 나머지를 좌변으로 이항하여 인수정리와 조립제법을 이용할 수 있다. 여기서 항등식임을 이용하여 계수비교법을 통해 문제를 해결할 수 있다.

핵심 개념 인수정리

x에 관한 다항식 $P(x)$에서 $P(\alpha)=0$이면 다항식 $P(x)$는 일차식 $x-\alpha$로 나누어 떨어진다. 또한, x에 관한 다항식 $P(x)$가 일차식 $x-\alpha$로 나누어떨어지면 $P(\alpha)=0$이다.

나머지를 ax^2+bx+c라 두고 좌변으로 이항하면

$$x^4-(a+5)x^2-bx-c+4=(x+1)^2(x-2)Q(x)$$

이 성립한다. 조립제법을 이용하면

-1	1	0	$-a-5$	$-b$	$-c+4$
		-1	1	$a+4$	$-a+b-4$
-1	1	-1	$-a-4$	$a-b+4$	$-a+b-c$
		-1	2	$a+2$	
2	1	-2	$-a-2$	$2a-b+6$	
		2	0		
	1	0	$-a-2$		

이므로 $-a+b-c=0,\ 2a-b+6=0,\ -a-2=0$이다.

연립하면 $b=-2,\ c=2,\ d=4$이다. 따라서 나머지는 $-2x^2+2x+4$이다.

❙ 풀이 4	다항함수의 미분법을 이용함.
❙ 덧붙여	항등식은 미분을 하여도 항등식이 유지된다. 특히, 다항함수의 미분법을 이용하여 양변의 계수를 비교하여 문제를 해결할 수 있다.

❙ 핵심 개념 다항함수의 미분법

1. $f(x)=x^n$ (n은 양의 정수)이면 $f'(x)=nx^{n-1}$
2. $f(x)=c$ (c는 상수)이면 $f'(x)=0$
3. 두 함수 $f(x)$, $g(x)$가 미분가능할 때
   1) $\{cf(x)\}'=cf'(x)$ (단, c는 상수)
   2) $\{f(x)+g(x)\}'=f'(x)+g'(x)$
   3) $\{f(x)-g(x)\}'=f'(x)-g'(x)$

$f(x)=x^4-5x^2+4=(x+1)^2(x-2)\mathrm{Q}(x)+ax^2+bx+c$라고 하자.

양변에 $x=-1$을 대입하면 $f(-1)=a-b+c=0$이고, $x=2$를 대입하면 $f(2)=4a+2b+c=0$이다.

그리고 문제의 식을 x에 대하여 미분하면

$$f'(x)=4x^3-10x=2(x+1)(x-2)Q(x)+(x+1)^2Q(x)$$
$$+(x+1)^2(x-2)Q'(x)+2ax+b$$

가 된다. 이 등식에 $x=-1$을 대입하면 $f'(-1)=6=-2a+b$이다.

세 개의 식 $a-b+c=0$, $4a+2b+c=0$, $-2a+b=6$을 연립하여 풀면 $a=-2$, $b=2$, $c=4$이다.

따라서 구하고자 하는 나머지는 $-2x^2+2x+4$이다.

❙ 풀이 5 유클리드 호제법을 이용함.

❙ 덧붙여 소인수분해를 하지 않고 두 자연수의 최대공약수를 구하는 방법으로서 유클리드 호제법이 있다. 이를 다항식의 최대공약수를 구하는 방법에 적용하여 문제를 해결할 수 있다. 유클리드 호제법의 증명을 살펴보면 다항식에서도 응용할 수 있음을 이해할 수 있다.

❙ 핵심 개념 항유클리드 호제법(Euclidean algorithm)

두 정수 a, b의 최대공약수를 $G(a,b)$라고 하자.

정수 a, b, q, r $(b \neq 0)$에 대하여 $a=bq+r$이면 $G(a,b)=G(b,r)$가 성립한다.

증명 $G(a,b)=g$라고 하자.

최대공약수의 성질에 의해 $a=a'g$, $b=b'g$이고 $G(a',b')=1$이다.

$a=bq+r$로부터 $r=a-bq=g(a'-b'q)$이고 g는 r의 약수이다.

$G(b,q)=g$임을 보이기 위해서는 $G(b',a'-b'q)=1$임을 보이면 된다.

귀류법을 적용하여 결론을 부정해보자.

어떤 정수 d가 존재하여 $G(b',a'-b'q)=d(\neq 1)$라고 하면, $b'=bm$, $a'-b'q=dn$라고 할 수 있고, $a'=b'q+dn=dmq+dn=d(mq+n)$이므로 $G(a',b')=1$이라는 가정에 모순이다. 따라서 $G(b',a'-b'q)=1$이므로 $G(b,q)=g$가 성립한다.

예제 유클리드 호제법을 이용하여 30과 16의 최대공약수를 구해보자.

풀이 $30=16\times 1+14 \rightarrow G(30,16)=G(16,14)$

$16=14\times 1+2 \rightarrow G(16,14)=G(14,2)$

$14=2\times 7 \rightarrow G(14,2)=2$

따라서, $G(30,16)=G(16,14)=G(14,2)=2$이다.

$f(x)=x^4-5x^2+4=(x+1)^2(x-2)Q(x)+R(x)$라 두면

$$x^4-5x^2+4=(x+2)(x+1)(x-1)(x-2)$$
$$=(x+1)^2(x-2)Q(x)+R(x)$$

유클리드 호제법(Euclidean algorithm)에 의하여 (x^4-5x^2+4)와 $(x+1)^2(x-2)$의 최대공약수는 $(x+1)^2(x-2)$와 $R(x)$의 최대공약수와 같음을 알 수 있다.

$x^4-5x^2+4=(x+2)(x+1)(x-1)(x-2)$와 $(x+1)^2(x-2)$의 최대공약수는 $(x+1)(x-2)$이므로 $R(x)$는 $(x+1)(x-2)$를 인수로 가진다.

또한, $R(x)$는 이차식이므로

$$R(x)=k(x+1)(x-2)$$

이다. 이제 위의 풀이와 같이 구하고자 하는 답을 구할 수 있다.

$$(x+2)(x+1)(x-1)(x-2)=(x+1)^2(x-2)Q(x)+k(x+1)(x-2)$$

양변을 $(x+1)(x-2)$로 나누면 $(x-1)(x+2)=(x+1)Q(x)+k$이다.

여기서 $x=-1$을 양변에 대입하면 $k=-2$이다.

즉, $R(x)=-2(x+1)(x-2)=-2x^2+2x+4$이다.

풀이 6	다항식의 차수를 이용함.
덧붙여	다항식의 차수를 이용하여 분수식의 차수를 고려하면 문제를 해결할 수 있다. 아래 풀이에서 $\deg(Q)=1$은 다항식 $Q(x)$의 차수를 의미한다.

$f(x)=x^4-5x^2+4$, $g(x)=(x+1)^2(x-2)$라고 하자. 그리고 몫을 $Q(x)$라 하면 $\deg(Q)=1$이다. 또한, 나머지를 $R(x)$라 하면 $\deg(R)\le 2$가 된다. 즉,

$$f(x)=g(x)Q(x)+R(x) \cdots ①$$

라고 하자.

(1) $g(x) \neq 0$일 때

$$\frac{f(x)}{g(x)} = Q(x) + \frac{R(x)}{g(x)} \quad \cdots ②$$

$$\frac{f(x)}{g(x)} = \frac{x^4 - 5x^2 + 4}{(x+1)^2(x-2)} = \frac{(x-1)(x+1)(x-2)(x+2)}{(x+1)(x+1)(x-2)} = \frac{(x-1)(x+2)}{(x+1)}$$

$$= x - \frac{2}{x+1} = Q(x) + \frac{R(x)}{g(x)}$$

$\deg(Q) = 1$이고, $\frac{R(x)}{g(x)}$는 분모의 차수가 더 큰 분수식이므로

$$Q(x) = x, \ \frac{R(x)}{g(x)} = -\frac{2}{x+1}$$

가 된다. 따라서

$$R(x) = \frac{-2}{x+1} g(x) = \frac{-2(x+1)^2(x-2)}{x+1}$$

$$= -2(x+1)(x-2) = -2x^2 + 2x + 4$$

(2) $g(x) = 0$이면 $(x+1)^2(x-2) = 0$, 즉 $x = -1$ 또는 $x = 2$ 이다.

①에서 $f(x) = R(x)$이므로 $f(-1) = R(-1) = f(2) = R(2) = 0$이므로 이 경우에도 $R(x) = -2x^2 + 2x + 4$가 성립한다.

따라서 (1), (2)에 의해서 $R(x) = -2x^2 + 2x + 4$임을 알 수 있다.

풀이 7	부피 문제로 바꾸어 해결함
덧붙여	해답을 내는 과정에 있어서 앞선 풀이들과 크게 차이는 없으나, 문제를 다르게 해석하는 것은 쉽게 해결될 수 있는 지름길이 될 수도 있다. 원 문제와 다른 맥락인 부피의 문제로 변형해서 문제를 해결할 수 있다.

피젯수인 x^4-5x^2+4를 인수분해하면, $(x+1)(x-1)(x+2)(x-2)$이므로 이것을 직육면체의 부피로 본다면, 가로의 길이가 $(x+1)$이고 세로의 길이가 $(x-1)(x+2)$이고 높이가 $(x-2)$인 직육면체로 나타낼 수 있다.

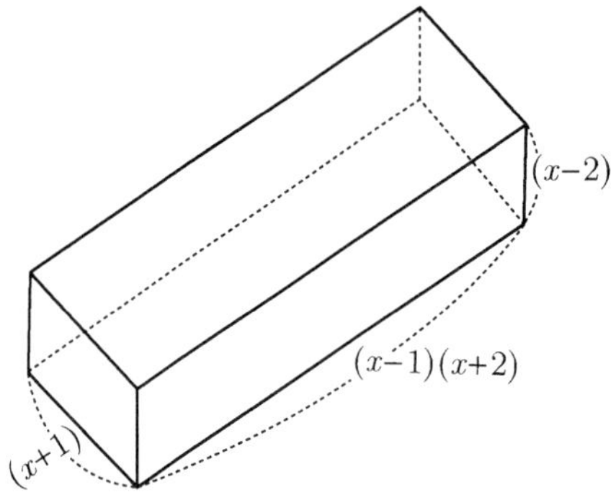

젯수인 $(x+1)^2(x-2)$를 직육면체의 부피로 본다면, 가로의 길이가 $(x+1)$이고 세로의 길이가 $(x+1)$이고 높이가 $(x-2)$인 직육면체로 나타낼 수 있다.

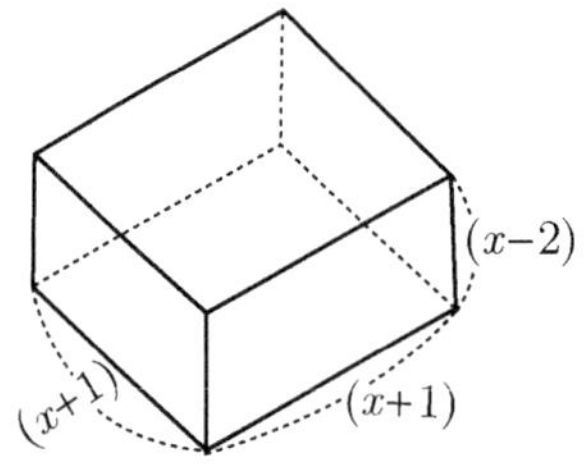

두 직육면체의 가로의 길이와 높이가 같으므로 세로의 길이만 나눠보면, $(x-1)(x+2)=(x+1)x-2$이므로 나머지는 -2이다.

따라서 원래 문제의 나머지는 $-2(x+1)(x-2)$이다.

다풀이 (2)

수학교과에서 부등식은 대수영역 뿐만 아니라 해석영역과 기하영역 등 많은 수학의 영역에서 문제해결의 수단으로서 중요한 위치를 차지하고 있다. 대수영역에서 $x=y$ 임을 보이거나 기하영역에서 주어진 두 변의 길이가 같음을 보이는 문제에서 $x \geq y$이고 $x \leq y$이면, $x=y$임을 이용하면 쉽게 문제를 해결할 수 있는 것이 좋은 예일 것이다. 중등학교 교육과정에서는 중학교 2학년 수학에서 일차 부등식을 다루게 되고, 그 후 고등학교 1학년에서부터 3학년 교육과정에 이르기까지 내용이 연결되어 있을 뿐만 아니라 다른 영역에서도 부등식이 많이 활용되고 있다. 따라서 부등식에 대한 정확한 이해가 이루어지지 않으면 후속학습과 수학 문제해결에 어려움을 줄 수 있다.

다풀이 (2)의 풀이들을 2009 개정교육과정 기준으로 살펴보면 다음과 같다.

<table>
<tr><th colspan="2">수학 Ⅰ</th><th colspan="2">수학 Ⅱ</th></tr>
<tr><th>영역</th><th>내용</th><th>영역</th><th>내용</th></tr>
<tr><td rowspan="2">방정식과 부등식</td><td rowspan="2">• 이차방정식과 이차함수
• 여러 가지 부등식</td><td>집합과 명제</td><td>• 명제</td></tr>
<tr><td rowspan="2">함수</td><td rowspan="2">• 유리함수와 무리함수</td></tr>
<tr><td rowspan="2">도형의 방성식</td><td rowspan="2">• 평면좌표
• 직선의 방정식</td></tr>
<tr><td>지수와 로그</td><td>• 지수
• 로그</td></tr>
<tr><th colspan="2">미적분 Ⅱ</th><th colspan="2">확률과 통계</th></tr>
<tr><th>영 역</th><th>내 용</th><th colspan="2">내 용</th></tr>
<tr><td>지수함수와 로그함수</td><td>• 지수함수와 로그함수의 뜻과 그래프</td><td>순열과 조합</td><td>• 경우의 수</td></tr>
</table>

※ 수학 Ⅱ과목의 명제 내용에서 절대부등식(산술-기하 평균)을 다룬다.

다풀이 [2]의 풀이들은 2009 개정 교육과정을 기준으로 할 때, 수학 I 과목의 방정식과 부등식, 도형의 방정식 영역, 수학 II 과목의 집합과 명제, 함수, 지수와 로그 영역, 미적분 II 과목의 지수함수와 로그함수 영역과 관련된 풀이가 나타났다.

문제

a, b, c가 서로 다른 세 양수일 때, $\frac{c}{a} > \frac{a}{b} > \frac{b}{c}$이면 a, b, c중 c가 최대임을 증명하여라.

풀이 1	경우의 수를 이용함.
덧붙여	a, b, c의 값이 각각 최대일 경우로 나누어, 성립할 수 있는 모든 경우를 생각하여 문제를 해결할 수 있다.

(1) a가 최댓값이라고 하자.

$a^2 > ab > bc$이므로 $bc > a^2$이고 이것은 $\frac{c}{a} > \frac{a}{b}$의 조건에 모순이 된다.

따라서 a는 a, b, c중 최댓값이 될 수 없다.

(2) b가 최댓값이라고 하자.

$b^2 > ab > ac$이므로 $ac > b^2$이고 이것은 $\frac{a}{b} > \frac{b}{c}$의 조건에 모순이 된다.

따라서, b는 a, b, c중 최댓값이 될 수 없다.

그러므로, a, b, c중 최댓값이 될 수 있는 것은 오직 c이다.

풀이 2–1	부등식에서 실수의 성질을 이용함.
덧붙여	두 부등식에서 양변에 양수를 나누어도 부등식이 유지됨을 이용하여 문제를 해결할 수 있다.

$\dfrac{c}{a} > \dfrac{a}{b} > \dfrac{b}{c}$ 이므로 $c^2 > ab$…①, $ac > b^2$…②, $cb > a^2$…③ 이 성립한다.

①, ②의 부등식에 나눗셈을 적용하면 $\dfrac{ac}{ab} > \dfrac{b^2}{c^2}$ 이 성립한다.

즉, $\dfrac{c}{b} > \dfrac{b^2}{c^2}$ 이 되어 $c^3 > b^3$이다. 즉, $c > b$이다.

마찬가지로 ①, ③의 부등식에 나눗셈을 적용하여 정리하면 $c > a$가 됨을 알 수 있다. 따라서 c가 최댓값이 된다.

풀이 2-2	부등식에서 실수의 성질을 이용함.
덧붙여	부등호의 방향이 같은 두 부등식을 더해도 부등식이 유지됨을 이용하여 문제를 해결할 수 있다.

$\dfrac{c}{a} > \dfrac{a}{b} > \dfrac{b}{c}$ 이므로 $c^2 > ab$…①, $ac > b^2$…②, $cb > a^2$…③ 이 성립한다.

①, ②의 부등식의 각 변을 더하면

$c^2 + ac > ab + b^2$, $c^2 - b^2 > a(b-c)$, $(c-b)(c+a) > a(b-c)$, $(b-c)(a+b+c) < 0$

와 같이 정리된다. 여기서 $a+b+c > 0$이므로 $b-c < 0$이 되므로 $c > b$이다. 또한, 마찬가지로 ①, ③의 부등식에서 $c > a$가 성립한다. 따라서 c가 최댓값이 된다.

풀이 2-3	부등식의 성질을 이용함.
덧붙여	부등식의 양변에 양수를 곱하여도 부등식이 유지된다는 성질을 이용하여 문제를 해결함.

각 항이 양수이고 $\dfrac{c}{a} > \dfrac{a}{b} > \dfrac{b}{c}$ 이므로 $\dfrac{a}{c} < \dfrac{b}{a} < \dfrac{c}{b}$ 를 만족한다.

여기서 $\frac{a}{c} < \frac{b}{a}$, $\frac{b}{c} < \frac{c}{a}$이므로 부등식의 양변을 곱하면 $\frac{ab}{c^2} < \frac{bc}{a^2}$, $a^3 < c^3$이므로 $a < c$이다.

마찬가지로 $\frac{b}{a} < \frac{c}{b}$, $\frac{b}{c} < \frac{c}{a}$의 부등식에서 $b < c$임을 알게 된다.

풀이 2-4	부등식의 성질을 이용함.
덧붙여	풀이 2-3과 비슷한 풀이이며, 부등식의 양변에 양수를 곱하여도 부등식이 유지된다는 성질을 이용하여 문제를 해결함.

조건식 $\frac{c}{a} > \frac{a}{b} > \frac{b}{c}$에서 양변에 같은 양수를 곱해도 부등식이 성립함을 이용하여 문제를 해결하였다.

(1) $\frac{c}{a} > \frac{a}{b}$에서 양변에 a^2b를 곱하여 $abc > a^3$임을 알 수 있다.

(2) $\frac{a}{b} > \frac{b}{c}$에서 양변에 b^2c를 곱하여 $abc > b^3$임을 알 수 있다.

(3) $\frac{c}{a} > \frac{b}{c}$에서 양변에 c^2a를 곱하여 $c^3 > abc$임을 알 수 있다.

따라서, (1)과 (3)에서 $c^3 > a^3$이므로 $c > a$이고, (2)와 (3)에서 $c^3 > b^3$이므로 $c > b$이다.

풀이 3	치환을 이용함.
덧붙여	부등식의 각 항을 치환하여 문제를 단순화하여 문제를 해결할 수 있다.

$\dfrac{c}{a}=x$, $\dfrac{a}{b}=y$, $\dfrac{b}{c}=z$ 라고 하자. 이때, $x>y>z$ 가 성립한다.

또한, $c=ax$, $a=by$, $b=cz$이다.

여기서, $c=xyzc$ 이므로 $xyz=1$이 성립하고 $x>y>z$이므로 $x>1$, $z<1$ 이다.

따라서 $a<c$ 이고 $b<c$ 이다. 따라서 c가 최댓값이 된다.

다른 풀이: $x>1$이 됨을 증명하여 제시하였다. 만약 $x<1$이라고 하면 (여기서 $x=1$이 될 수 없다. 왜냐하면 $x=1$이라고 하면 $c=a$가 성립하기 때문이다.) $xyz<1\cdot1\cdot1=1$이 되어 모순이 된다. 마찬가지로 $z<1$이 됨을 좀 더 구체적으로 제시할 수 있다.

풀이 4-1	다른 형태의 부등식으로 변환함.
덧붙여	풀이 1처럼 대소관계의 경우의 수를 나누어 각 경우에서 성립하는 2개의 연립부등식으로 변환하여 해결할 수 있다.

$\dfrac{c}{a}>\dfrac{a}{b}$ 이므로, $bc-a^2>0$ …① 이고, $\dfrac{a}{b}>\dfrac{b}{c}$ 이므로, $ac-b^2>0$ …② 이다.

(1) ① > ② 인 경우: ① 의 좌변에서 ② 의 좌변을 빼면,

$$b^2-a^2+bc-ac=(a+b+c)(b-a)>0$$

이고, $a+b+c>0$이므로 $b>a$ …③ 이다.

$b>a$의 양변에 양수인 c를 곱하면, $bc>ac$이다. 이 식의 양변에 b^2을 빼면, $bc-b^2>ac-b^2>0$이므로 $b(c-b)>0$이다.

$b>0$이므로 $c>b$…④ 이다.

따라서 ③, ④ 에 의하여, $c>b>a$이므로 c가 최대이다.

(2) ① < ② 인 경우: ② 의 좌변에서 ① 의 좌변을 빼면,

$$a^2-b^2+ac-bc=(a+b+c)(a-b)>0$$

이고, $a+b+c>0$이므로 $a>b$ …⑤ 이다.

$a>b$의 양변에 양수인 c를 곱하면, $ac>bc$이다.

이 식에 양변에서 a^2을 빼면, $ac-a^2>bc-a^2>0$이므로 $a(c-a)>0$이다. $a>0$이므로 $c>a$ …⑥ 이다.

따라서 ⑤, ⑥ 에 의하여, $c>a>b$이므로 c가 최대이다.

(3) ① = ② 인 경우: ② 의 좌변에서 ① 의 좌변을 빼면,

$$a^2-b^2+ac-bc=(a+b+c)(a-b)=0$$

이다. 그런데 a, b, c는 서로 다른 세 양수이므로 모순이다.

(1), (2), (3)에 의하여 c가 최대이다.

풀이 4-2	다른 형태의 부등식으로 변환함.
덧붙여	주어진 부등식들을 연립부등식으로 변환하여 해결할 수 있다.

주어진 부등식에 대한 경우의 수를 최대한 간략히 하여 해결할 수 있다.

주어진 부등식을 이용하면,

$$\left(\frac{c}{a}\right)^3>\frac{c}{a}\times\frac{a}{b}\times\frac{b}{c}=1>\left(\frac{b}{c}\right)^3$$

(1) $\left(\frac{c}{a}\right)^3>1$에서, a,c가 양수이므로 $c^3>a^3$, $(c-a)(c^2+ac+a^2)>0$이다.

$\therefore\ c>a$

(2) $1 > \left(\dfrac{b}{c}\right)^3$에서 b, c가 양수이므로 $c^3 > b^3$, $(c-b)(c^2+bc+b^2) > 0$이다.

$\therefore c > b$

따라서, (1), (2)에 의하여 c가 최대이다.

풀이 5	**산술기하평균을 이용함.**
덧붙여	서로 다른 두 양수에 대하여 산술기하평균을 이용하여 부등식을 유도하고 각 경우로 나누어 조건에 타당한지를 확인하여 문제를 해결할 수 있다.

(1) $\dfrac{c}{a} > \dfrac{a}{b}$이므로 $bc > a^2$에서 b, c는 서로 다른 두 양수이므로

$$\frac{b+c}{2} > \sqrt{bc}\,,\ \left(\frac{b+c}{2}\right)^2 > bc > a^2$$

이므로 $\left(\dfrac{b+c}{2}\right)^2 > a^2$이다. 여기서 $\dfrac{b+c}{2}$와 a는 모두 양수이므로 $\dfrac{b+c}{2} > a$이다. 따라서

$$b+c > 2a,\ (b-a)+(c-a) > 0$$

이므로 $b-a > 0$ 또는 $c-a > 0$이다. 즉, $b > a$ 또는 $c > a$이다.

(2) $\dfrac{a}{b} > \dfrac{b}{c}$에서 $ac > b^2$에서 (1)과 마찬가지의 방법을 사용하면 $a-b > 0$ 또는 $c-b > 0$이 됨을 알 수 있다. 즉, $a > b$ 또는 $c > b$이다.

이제 (1)과 (2)를 각 경우를 나누어 보자.

1) $b > a,\ a > b$: 모순

2) $b > a,\ c > b$: 이 경우 $c > b > a$이므로 c가 최대가 된다.

3) $c > a,\ a > b$: 이 경우 $c > a > b$이므로 c가 최대가 된다.

4) $c > a,\ c > b$: 이 경우 c가 최대가 된다.

| 풀이 6-1 함수(유리함수와 이차함수)를 이용함.

| 덧붙여 부등식의 각 변을 함수의 값으로 이해하여 해결할 수 있다. 이러한 풀이에서는 함수를 찾는 것이 중요하다.

(1) $\frac{c}{a} > \frac{a}{b}$ 이므로 $b > \frac{a^2}{c}$

(2) $\frac{a}{b} > \frac{b}{c}$ 이므로 $b^2 < ac$

(3) $\frac{c}{a} > \frac{b}{c}$ 이므로 $b < \frac{c^2}{a}$

위의 세 관계식을 이용하여 좌표평면의 그래프로 나타내면 아래와 같다.

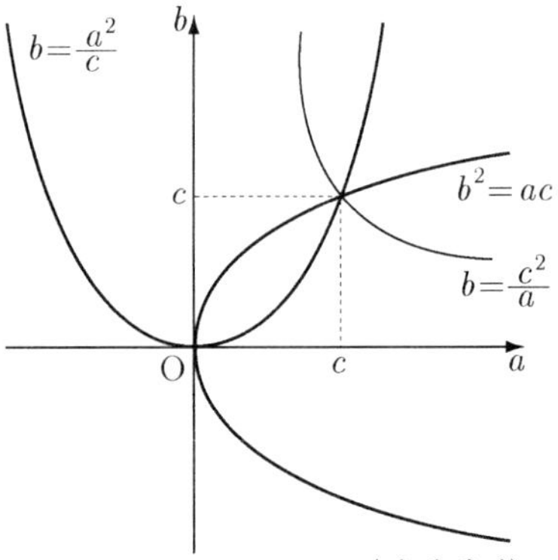

(경계제외)

이차함수 $b^2 = ac$ 그래프와 유리함수 $b = \frac{c^2}{a}$ 그래프의 교점을 구하면, $\left(\frac{c^2}{a}\right)^2 = b^2 = ac$, $c^4 = a^3c$인데 $c > 0$이므로 $c^3 = a^3$이다. $(c-a)(c^2+ac+a^2) = 0$이므로 $a = c$이다. 즉, 교점의 a좌표는 c이므로 교점의 좌표는 (c, c)이다.

또한, 이차함수 $b^2 = ac$ 그래프와 이차함수 $b = \frac{a^2}{c}$ 그래프의 교점을 구하면,

$\left(\dfrac{a^2}{c}\right)^2 = b^2 = ac$, $a^4 = c^3 a$인데 $a > 0$이므로 $c^3 = a^3$이다. $(c-a)(c^2+ac+a^2) = 0$이므로 $a = c$이다. 즉, 교점의 a좌표는 c이므로 교점의 좌표는 (c, c)이다.

따라서 두 이차함수 $b^2 = ac$, $b = \dfrac{a^2}{c}$ 그래프, 유리함수 $b = \dfrac{c^2}{a}$ 그래프의 교점은 (c, c)이다.

이와 같이 (1), (2), (3)의 부등식을 만족하는 범위 내에서의 a와 b는 항상 c보다 작다.

풀이 6-2	함수(일차함수의 기울기)를 이용함.
덧붙여	앞서 언급한 것처럼 부등식은 함숫값으로 이해하여 해결할 수도 있는데, 부등식의 각 변을 직선의 기울기로 이해하여 해결할 수 있다.

(1) $a > b$인 경우 $\dfrac{c}{a} > \dfrac{a}{b} > 1$이다.

세 함수를 $f(x) = x$, $g(x) = \dfrac{a}{b}x$, $h(x) = \dfrac{c}{a}x$라 두면

$$(h(x)\text{의 기울기}) > (g(x)\text{의 기울기}) > (f(x)\text{의 기울기})$$

이다. [그림 1]에서 $h(a) = c > a$이다. 따라서 c가 최대이다.

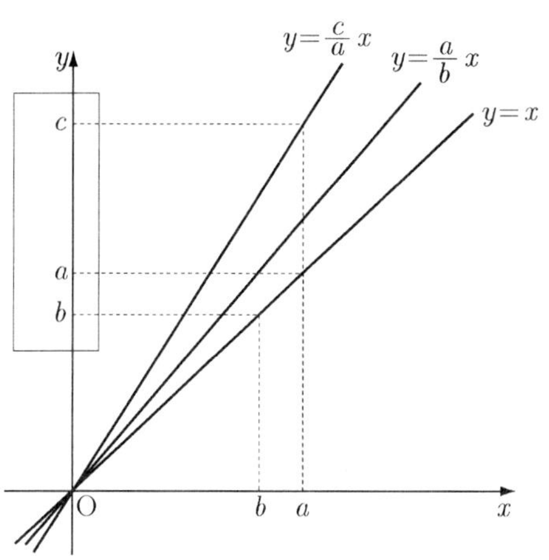

[그림 1]

(2) $a<b$인 경우 $\frac{b}{c}<\frac{a}{b}<1$이다.

세 함수를 $f(x)=x,\ g(x)=\frac{a}{b}x,\ h(x)=\frac{b}{c}x$라 두면

$$(h(x)\text{의 기울기})<(g(x)\text{의 기울기})<(f(x)\text{의 기울기})$$

이다. [그림 2]에서 $h(x)=b$에서 $x=c>b$이다.

따라서 c가 최대이다.

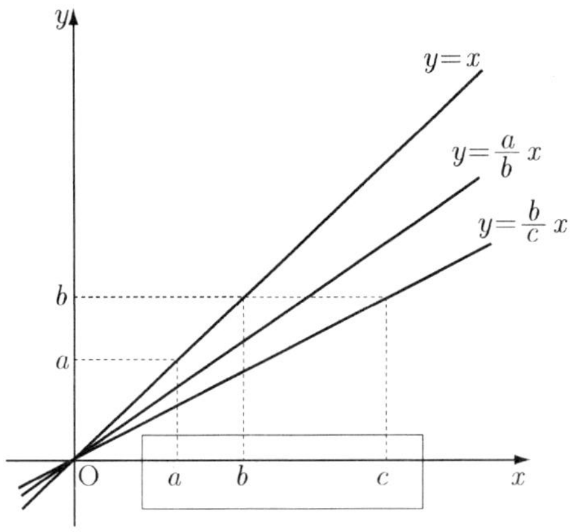

[그림 2]

풀이 7-1	상용로그를 이용함.
덧붙여	로그의 진수가 양수라는 것과 상용로그의 함수가 증가함수임을 이용하여 문제를 해결할 수 있다. 이 경우 곱셈의 연산을 덧셈의 연산으로 해결할 수 있어 편리하다.

$c^2>ab\cdots$①의 양변에 상용로그를 취하면

$$2\log c>\log a+\log b\cdots④$$

$ac > b^2 \cdots$ ②의 양변에 상용로그를 취하면

$$\log a + \log c > 2\log b \cdots ⑤$$

$cb > a^2 \cdots$ ③의 양변에 상용로그를 취하면

$$\log c + \log b > 2\log a \cdots ⑥$$

④, ⑤의 두 부등식을 더하면

$$2\log c + \log a + \log c > \log a + \log b + 2\log b$$

$$\log c > \log b$$

이 성립하여 $c > b$임을 알 수 있다. 또한, ④, ⑥의 두 부등식을 더하면

$$2\log c + \log c + \log b > \log a + \log b + 2\log a$$

$$\log c > \log a$$

이 성립하여 $c > a$임을 알 수 있다.

풀이 7-2	상용로그를 이용함.
덧붙여	주어진 부등식을 상용로그를 취하여, 로그함수의 값으로 이해하여 부등식 문제를 해결할 수 있다.

$\frac{c}{a} > \frac{a}{b} > \frac{b}{c}$에서 양변에 log를 취하면 $\log c - \log a > \log a - \log b > \log b - \log c$가 성립한다. 여기서 $\log a = A$, $\log b = B$, $\log c = C$라고 하면 $C - A > A - B > B - C$이므로

(1) $C - A > A - B$: $B > 2A - C$

(2) $A - B > B - C$: $B > \frac{1}{2}A + \frac{1}{2}C$

(3) $C - A > B - C$: $B < -A + 2C$

의 관계식을 얻을 수 있다. 이를 좌표평면에 부등식의 영역으로 나타내면 아래와 같다.

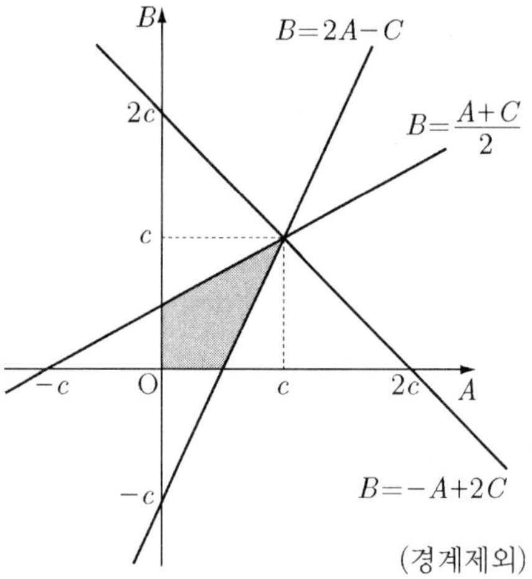

여기서, (1), (2), (3)의 부등식을 만족하는 영역(음영 부분) 내에서의 a와 b의 값은 항상 c의 값보다 작다는 것을 알 수 있다.

다양한 풀이 이후에 생각할 것들…

질문 주어진 문제에서 세 실수 a, b, c가 양수라는 조건이 없다면 명제는 참일까 거짓일까?

즉, 명제 '서로 다른 세 실수 a, b, c 에 대하여 $\frac{c}{a}>\frac{a}{b}>\frac{b}{c}$ 이면 a, b, c 중에서 c가 최대이다.'는 참일까?

풀이 거짓이다. 반례를 찾아보자.

$a=2$, $b=-3$, $c=1$ 일 때 $\frac{1}{2}>-\frac{2}{3}>-3$ 으로 $\frac{c}{a}>\frac{a}{b}>\frac{b}{c}$ 가 성립하지만 a 가 최대이다.

다풀이 (3)

수학 I 과목의 도형의 방정식 단원의 문제들은 해석기하 관점에서 좌표상에서 해결되거나 기하적으로 해결되는 다양한 문제해결전략들이 존재한다. 다풀이 [3]의 풀이들은 2009 개정 교육과정을 기준으로 할 때, 수학 I 과목의 도형의 방정식 영역, 교육과정 외의 공통현의 방정식을 이용한 풀이였다.

수학 I		교육과정 외
영역	내용	내용
도형의 방정식	• 평면좌표 • 직선의 방정식 • 원의 방정식	• 공통현의 방정식

문제

점 $P(3, -1)$에서 원 $x^2+y^2=5$에 그은 두 접선의 접점을 각각 A, B라고 할 때, 직선 AB의 방정식을 구하여라.

▎풀이 1	접선의 방정식을 구함.
▎덧붙여	두 접선의 방정식이 지나는 점이 $P(3, -1)$임을 이용하여 해결할 수 있다.

▌핵심 개념 원 위의 점에서의 접선의 방정식

1) 원 $x^2+y^2=r^2$ 위의 점 (x_1, y_1)에서의 접선의 방정식은 $x_1x+y_1y=r^2$이다.

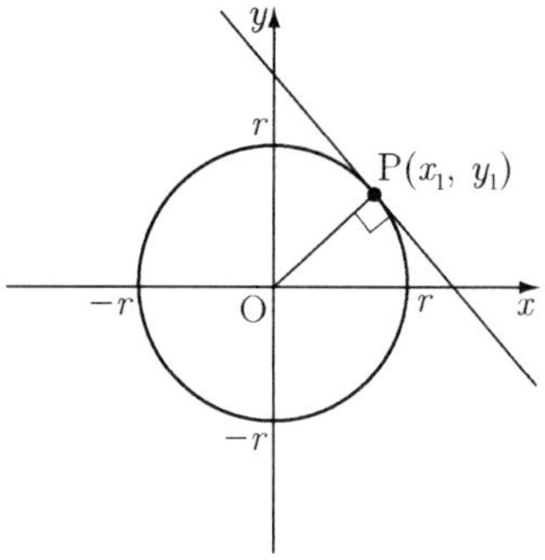

증명 (i) $x_1 \neq 0$, $y_1 \neq 0$일 때, 직선 OP의 기울기는

$\dfrac{y_1}{x_1}$이고, 선분 OP는 점 P에서의 접선에

수직이므로 접선의 기울기는 $-\dfrac{x_1}{y_1}$이다.

따라서 구하는 접선의 방정식은

$y-y_1=-\dfrac{x_1}{y_1}(x-x_1)$이다.

이것을 정리하면 $x_1x+y_1y=x_1^2+y_1^2$

이다. 그런데 점 P$(x_1,\ y_1)$이 원 위의 점이므로 $x_1^2+y_1^2=r^2$이다.

따라서 구하는 접선의 방정식은 다음과 같다.

$$x_1x+y_1y=r^2 \quad \cdots\cdots ①$$

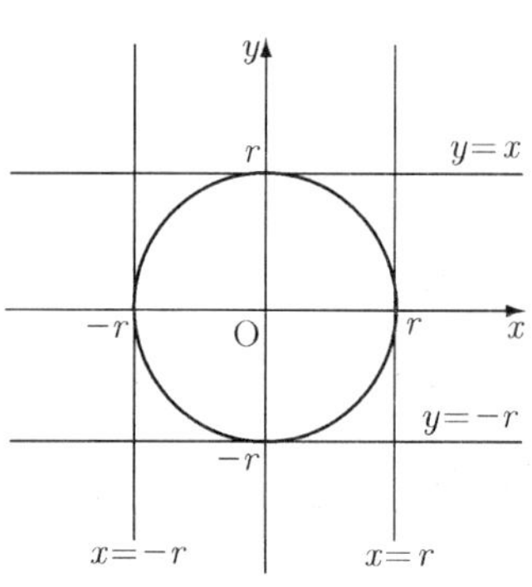

(ii) $x_1=0$ 또는 $y_1=0$일 때, 점 P가 좌표축 위에 있으므로 접선의 방정식은 $y=\pm r$ 또는 $x=\pm r$이다.

이 경우에도 ①이 성립한다.

2) 원 $(x-a)^2+(y-b)^2=r^2$ 위의 점 (x_1, y_1)에서의 접선의 방정식은

$$(x_1-a)(x-a)+(y_1-b)(y-b)=r^2$$

이다.

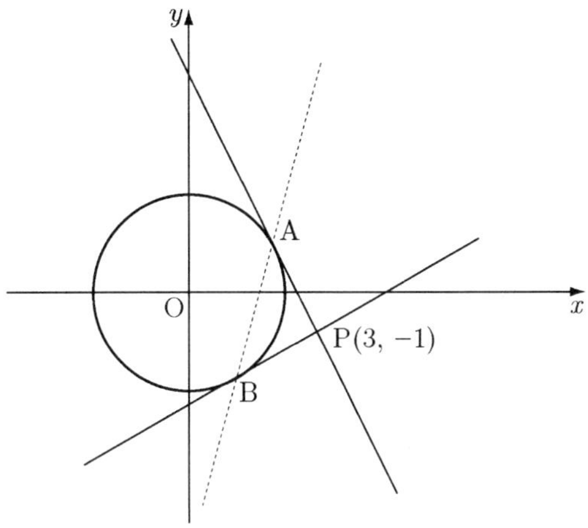

원 위의 두 점을 각각 $A(x_1, y_1)$, $B(x_2, y_2)$라고 하면 두 점에서의 접선의 방정식은

$$x_1x + y_1y = 5 \cdots ①$$

$$x_2x + y_2y = 5 \cdots ②$$

점 $P(3, -1)$은 두 접선 ①, ② 위의 점이므로

$$3x_1 - y_1 = 5 \cdots ③$$

$$3x_2 - y_2 = 5 \cdots ④$$

그런데 두 식 ③, ④는 직선 $3x - y = 5$에 두 점 $A(x_1, y_1)$, $B(x_2, y_2)$를 대입한 식과 같고, 두 점을 지나는 직선은 유일하다.

따라서 구하는 직선 AB의 방정식은 $3x - y = 5$이다.

풀이 2	접점을 원의 방정식과 접선의 방정식의 교점으로 해석함.
덧붙여	원의 방정식과 접선의 방정식의 교점이 접점이 되므로, 이차방정식으로 정리하여 근을 구하여 문제를 해결할 수 있다.

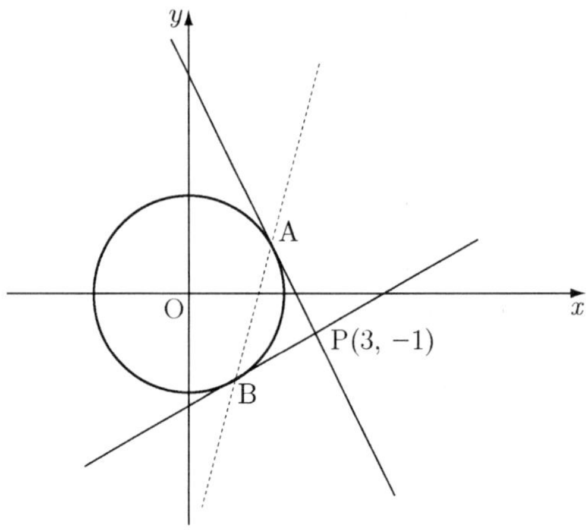

원 위의 두 점을 각각 $A(x_1, y_1)$, $B(x_2, y_2)$라고 하면 두 점에서의 접선의 방정식은

$$x_1x+y_1y=5 \cdots ①$$

$$x_2x+y_2y=5 \cdots ②$$

점 $P(3, -1)$은 두 접선 ①, ② 위의 점이므로

$$3x_1-y_1=5 \cdots ③$$

$$3x_2-y_2=5 \cdots ④$$

그런데 두 접점 $A(x_1, y_1)$, $B(x_2, y_2)$은 $x^2+y^2=5$를 만족하므로,

$$x_1^2+y_1^2=5 \cdots ⑤$$

$$x_2^2+y_2^2=5 \cdots ⑥$$

이 성립한다.

식 ③과 ⑤를 연립하면, 접점의 좌표는 $(2, 1)$, $(1, -2)$이다.

따라서 이 두 점을 지나는 직선의 방정식은 $3x-y-5=0$이다.

풀이 3	점과 직선 사이의 거리 공식을 이용함.
덧붙여	원점, 두 접점, 점 P가 이루는 사각형이 정사각형임에 착안하여 점과 직선사이의 거리 공식을 이용하여 문제를 해결할 수 있다.

핵심 개념 점과 직선 사이의 거리

점 $\mathrm{P}(x_1,\ y_1)$과 직선 $ax+by+c=0$ 사이의 거리 d는 $d=\dfrac{|ax_1+by_1+c|}{\sqrt{a^2+b^2}}$이다.

증명 오른쪽 그림과 같이 점 $\mathrm{P}(x_1,\ y_1)$에서 직선 l에 내린 수선의 발을 $\mathrm{H}(x_2,\ y_2)$라고 하면

(ⅰ) $a\neq 0,\ b\neq 0$일 때

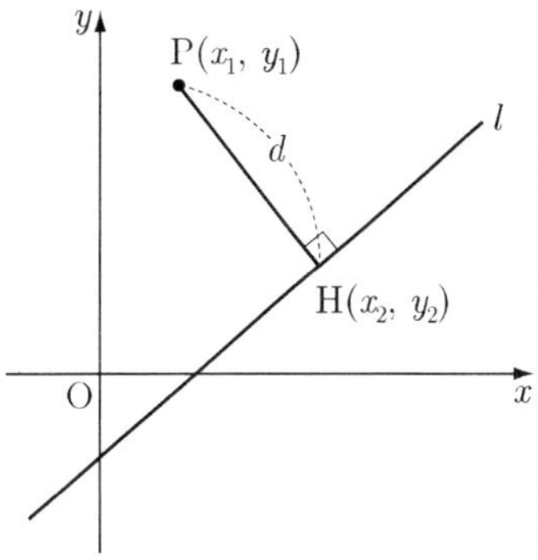

직선 l의 기울기는 $-\dfrac{a}{b}$이고,

직선 PH는 직선 l에 수직

이므로 $\dfrac{y_2-y_1}{x_2-x_1}\times\left(-\dfrac{a}{b}\right)=-1$이다.

이 식을 변형하면 $\dfrac{x_2-x_1}{a}=\dfrac{y_2-y_1}{b}$이다.

이 식의 값을 k로 놓으면

$$x_2-x_1=ak,\ y_2-y_1=bk \cdots ①$$

따라서

$$d=\sqrt{(x_2-x_1)^2+(y_2-y_1)^2}=\sqrt{k^2(a^2+b^2)}=|k|\sqrt{a^2+b^2} \cdots ②$$

또, $\mathrm{H}(x_2,\ y_2)$는 직선 l 위의 점이므로 $ax_2+by_2+c=0$이고, ①에서 $x_2=x_1+ak,\ y_2=y_1+bk$이므로 $a(x_1+ak)+b(y_1+bk)+c=0$이다.

따라서 $k=\dfrac{ax_1+by_1+c}{a^2+b^2}$ …… ③이다.

③을 ②에 대입하면

$$d=\frac{|ax_1+by_1+c|}{\sqrt{a^2+b^2}} \quad \cdots\cdots ④$$

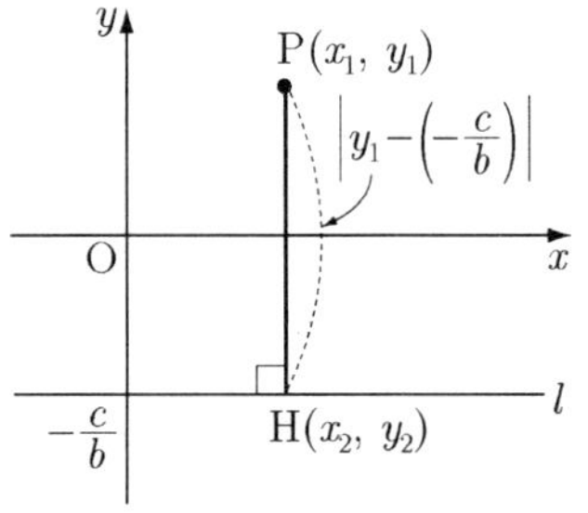

(ii) $a=0$, $b\neq0$일 때,

직선 l의 방정식은 $y=-\dfrac{c}{b}$이므로

$$\overline{\mathrm{PH}}=\left|y_1-\left(-\frac{c}{b}\right)\right|=\left|\frac{by_1+c}{b}\right|$$

이다. 이것은 ④에 $a=0$을 대입한 것과 같다.

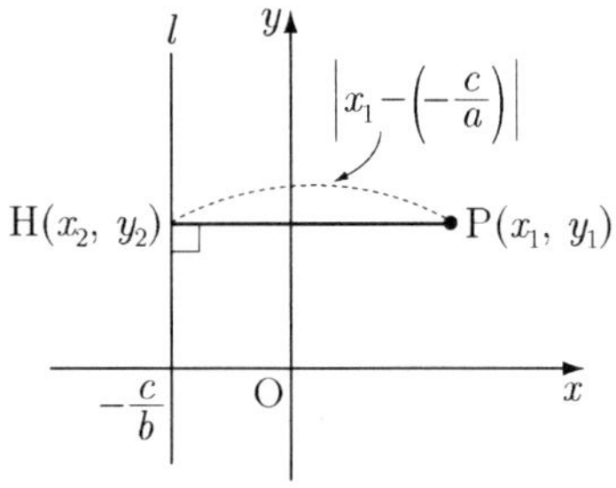

(iii) $a\neq0$, $b=0$일 때 직선 l의 방정식은 $x=-\dfrac{c}{a}$이므로

$$\overline{\mathrm{PH}}=\left|x_1-\left(-\frac{c}{a}\right)\right|=\left|\frac{ax_1+c}{a}\right|$$

이다. 이것은 ④에 $b=0$을 대입한 것과 같다.

(i), (ii), (iii)에 의하면, 점 P$(x_1,\ y_1)$과 직선 $ax+by+c=0$ 사이의 거리 d는

$$d=\frac{|ax_1+by_1+c|}{\sqrt{a^2+b^2}}$$

이다.

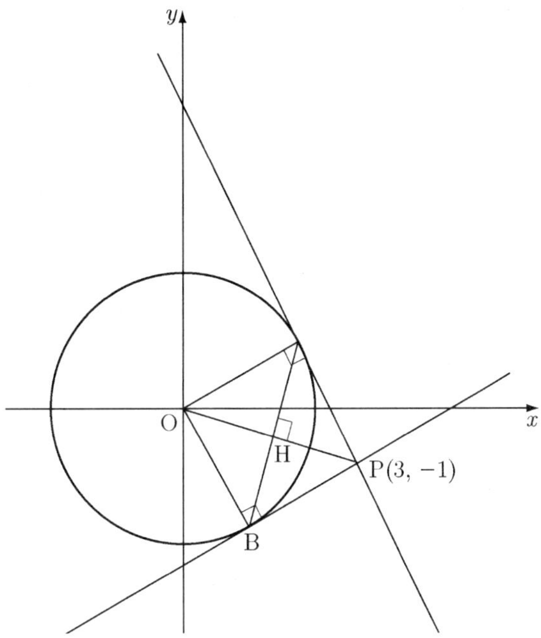

점 O(0,0)과 점 P(3,−1)사이의 거리, $\overline{OP}=\sqrt{10}$ 이고, 선분 $\overline{OA}=\overline{OB}=\sqrt{5}$ (=원 $x^2+y^2=5$의 반지름의 길이)이다. 직각삼각형 OAP와 OBP에서 피타고라스의 정리에 의하여, $\overline{AP}=\overline{BP}=\sqrt{5}$ 이다.

따라서 사각형 OAPB는 한 변의 길이가 $\sqrt{5}$ 인 정사각형이다.

두 점 O, P를 지나는 직선의 방정식 $y=-\frac{1}{3}x$은 두 점 A, B를 지나는 직선의 방정식과 수직이므로, 기울기는 3이다. 두 점 A, B를 지나는 직선의 방정식을 $3x-y+b=0$이라 하자.

직각삼각형 OHA와 OAP는 닮음이므로, $\overline{OA}^2=\overline{OH}\times\overline{OP}$ 이므로 $\overline{OH}=\frac{5}{\sqrt{10}}$ $=\frac{\sqrt{10}}{2}$ 이다. 선분 OH의 길이는 원점 O와 두 점 A, B를 지나는 직선, $3x-y+b=0$ 사이의 거리와 같다.

$$\frac{|b|}{\sqrt{9+1}}=\frac{\sqrt{10}}{2}\quad \therefore b=\pm 5$$

여기서 $b=5$는 문제의 조건을 만족하지 못한다.

따라서 두 점 A, B를 지나는 직선의 방정식을 $3x-y-5=0$이다.

풀이 4 내분점 공식을 이용함.

덧붙여 직선의 기울기를 구하고, 닮은 두 직각삼각형의 각 변의 길이비를 이용하지 않고, 내분점 공식을 이용하여 직선이 지나는 한 점을 구하여 문제를 해결할 수 있다.

핵심 개념 좌표평면 위의 선분을 내분하는 점과 외분하는 점

1) 좌표평면 위의 두 점 $\mathrm{A}(x_1,\ y_1)$, $\mathrm{B}(x_2,\ y_2)$에 대하여 선분 AB를 $m:n$ $(m>0,\ n>0)$으로 내분하는 점 P의 좌표는 $\mathrm{P}\left(\dfrac{mx_2+nx_1}{m+n},\ \dfrac{my_2+ny_1}{m+n}\right)$이다.

증명 오른쪽 그림과 같이 세 점 A, B, P에서 x축에 내린 수선의 발을 각각 A′, B′, P′이라고 하면 $\overline{\mathrm{AP}}:\overline{\mathrm{PB}}=\overline{\mathrm{A'P'}}:\overline{\mathrm{P'B'}}=m:n$이 성립한다. 이때 점 P′은 x축 위에서 선분 A′B′을 $m:n$으로 내분하는 점이므로 $x=\dfrac{mx_2+nx_1}{m+n}$이다.

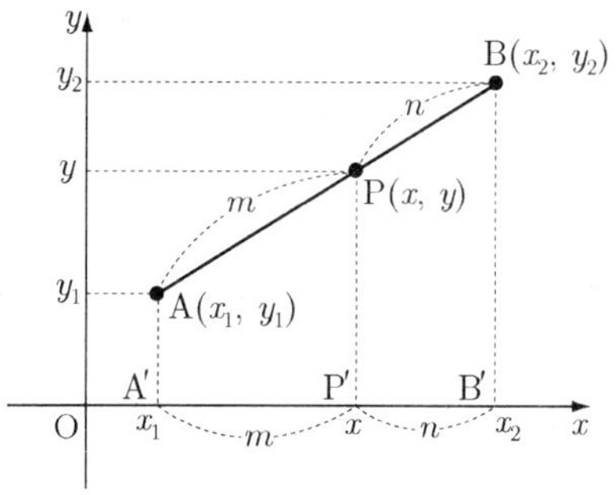

또, y축 위에서도 마찬가지로 생각하면, $y=\dfrac{my_2+ny_1}{m+n}$이다. 따라서 내분하는 점 P는 $\mathrm{P}\left(\dfrac{mx_2+nx_1}{m+n},\ \dfrac{my_2+ny_1}{m+n}\right)$이다.

2) 두 점 $\mathrm{A}(x_1,\ y_1)$, $\mathrm{B}(x_2,\ y_2)$에 대하여 선분 AB를 $m:n$ $(m>0,\ n>0)$으로 외분하는 점 Q는 $\mathrm{Q}\left(\dfrac{mx_2-nx_1}{m-n},\ \dfrac{my_2-ny_1}{m-n}\right)$이다.

두 점 A, B를 지나는 직선의 방정식과 수직이므로, 기울기는 3이다. 사각형 OAPB는 한 변의 길이가 $\sqrt{5}$ 인 정사각형이므로, $\overline{\mathrm{OH}}:\overline{\mathrm{HP}}=1:1$이므로 점 H는 두 점 O와 P를 1:1로 내분하는 점 $\mathrm{H}\left(\frac{3}{2}, -\frac{1}{2}\right)$이다. 따라서 두 점 A, B를 지나는 직선은 기울기가 3이고, 한 점 $\mathrm{H}\left(\frac{3}{2}, -\frac{1}{2}\right)$를 지난다. 즉, $y=3x-5$이다.

▍풀이 5	공통현의 방정식을 이용함.
▍덧붙여	원 $x^2+y^2=5$와 중심이 P이고 반지름의 길이가 $\overline{\mathrm{AP}}=\overline{\mathrm{BP}}$인 원, 두 원의 공통현의 방정식으로 문제를 해결할 수 있다.

▍핵심 개념 두 원의 교점을 지나는 직선의 방정식

두 원 C_1, C_2가 다음과 같을 때,

$$C_1 : x^2+y^2+ax+by+c=0,\ C_2 : x^2+y^2+a'x+b'y+c'=0$$

이 두 원을 지나는 직선의 방정식은

$$x^2+y^2+ax+by+c+k(x^2+y^2+a'x+b'y+c')=0 \cdots (*)$$

(단, k는 상수)이다.

(1) $k=-1$일 때, 식 (*)는 $(a-a')x+(b-b')y+(c-c')=0$이 되고, 이 직선의 방정식은 두 원의 교점을 지나는 공통현의 방정식이다.

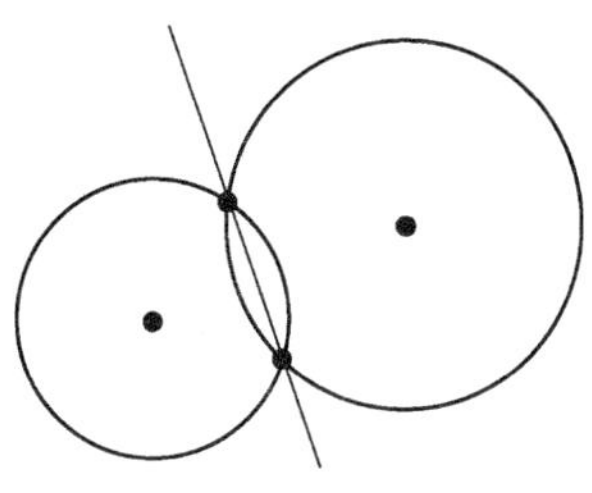

(2) $k \neq -1$일 때, 식 (*)는 원의 방정식이 되고, 이 원의 방정식은 두 원의 교점을 지나는 원의 방정식이 된다.

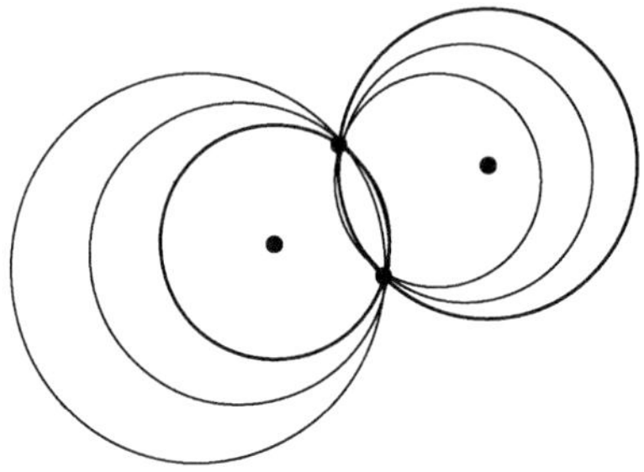

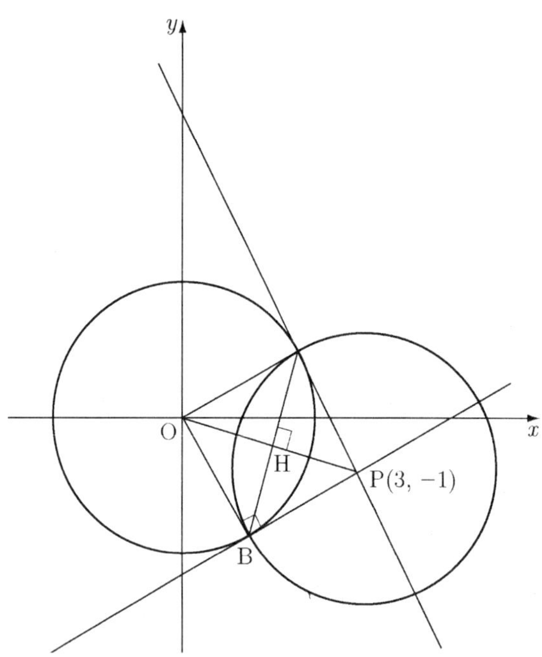

점 O(0, 0)과 점 P(3, −1)사이의 거리, $\overline{OP} = \sqrt{10}$ 이고, 선분 $\overline{OA} = \overline{OB} = \sqrt{5}$ (=원 $x^2 + y^2 = 5$의 반지름의 길이)이다. 직각삼각형 OAP와 OBP에서 피타고라스의 정리에 의하여, $\overline{AP} = \overline{BP} = \sqrt{5}$ 이다.

따라서, 두 점 A, B를 지나는 직선은 원 $x^2+y^2=5$와 중심이 P, 반지름의 길이가 $\overline{\text{AP}}=\overline{\text{BP}}=\sqrt{5}$ 인 원의 공통현이다. 여기서 중심이 P, 반지름의 길이가 $\sqrt{5}$ 인 원의 방정식은 $(x-3)^2+(y+1)^2=5$이다.

따라서 공통현의 방정식은

$$\{(x-3)^2+(y+1)^2-5\}-(x^2+y^2-5)=0$$

이므로 $-6x+2y+10=0$ 즉, $3x-y-5=0$이다.

다풀이 (4)

수학 I 과목의 도형의 방정식 단원의 문제들은 해석기하 관점에서 좌표상에서 해결되거나 기하적으로 해결되는 다양한 문제해결전략들이 존재한다. 특히, 직선의 방정식을 원의 방정식에 대입하면 이차방정식이 되므로, 공통현의 방정식으로 해결할 수 있다.

다풀이 [4]의 풀이들은 2009 개정 교육과정을 기준으로 할 때, 수학 I 과목의 도형의 방정식 영역, 미적분 II 과목의 삼각함수 영역의 내용을 이용한 것이었으며, 중학교 과정의 내용과 교육과정 외의 직선에 대한 대칭변환의 행렬, 사선식을 이용한 삼각형의 넓이, 배각공식을 이용한 풀이였다.

중학교 과정	수학 I	
내용	영역	내용
• 삼각형의 중점연결정리 • 피타고라스의 정리 • 삼각형의 넓이	도형의 방정식	• 평면좌표 • 직선의 방정식 • 원의 방정식 • 도형의 이동

미적분 II		교육과정 외
영 역	내용	내용
삼각함수	• 삼각함수의 뜻과 그래프	• 직선에 대한 대칭변환의 행렬 • 사선식을 이용한 삼각형의 넓이 • 배각공식

문제

네 점 A$(0,0)$, B$(a,0)$, C(a,a), D$(0,a)$를 꼭짓점으로 하는 사각형 ABCD가 있다. 선분 AB의 중점을 M이라 하고, 선분 DM에 대하여 A의 대칭점을 E라 할 때, $\triangle$EBC의 넓이가 10이 되는 양수 a의 값을 구하여라.

풀이 1-1 도형의 닮음비를 이용함.

덧붙여 삼각형의 중점연결정리를 이용하여 주어진 문제에서 닮음 삼각형을 찾아 닮음비를 구하고 이를 통해서 두 삼각형의 넓이의 비를 구해 해결할 수 있다.

삼각형의 중점연결정리에 의해서 $\angle$AGM$=90^\circ$ 이므로 $\angle$AEB$=90^\circ$ 이다.

그리고 각 AFB는 공통이므로 $\triangle$ABE $\backsim$ $\triangle$BFE이다.

또한, $\overline{AB}:\overline{BF}=2:1$이므로 $\triangle$BFE와 $\triangle$ABE에서 넓이의 비는 $4:1$이 된다.

$\triangle$ABF는 사각형 ABCD 의 넓이의 $\frac{1}{4}$ 이므로 $\triangle$BFE는 사각형 ABCD 넓이의 $\frac{1}{20}$ 이 된다.

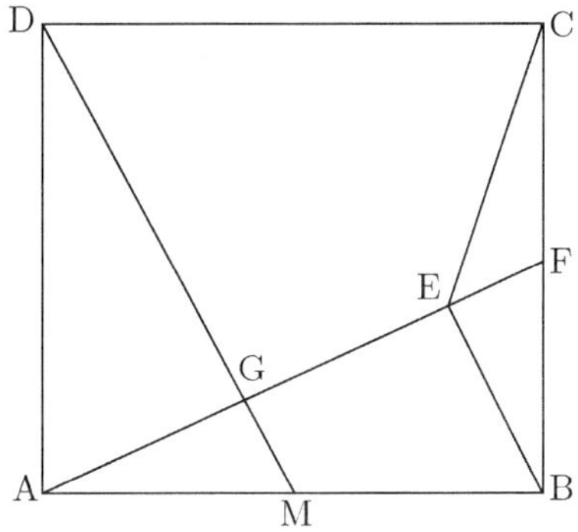

또한, $\triangle BFE = \triangle FCE$이므로 $\triangle BEC$는 사각형 ABCD 넓이의 $\frac{1}{10}$이 된다.

주어진 문제에서 $\triangle BEC$의 넓이는 10 이므로 사각형 ABCD 의 넓이는 100이 되므로 $a=10$이다.

다른 풀이: $\overline{AG}=\overline{GE}$, $\overline{AM}=\overline{BM}$이고 $\angle AGM = 90°$ 이므로 $\angle AEB = 90°$ 이다.
따라서 $\triangle AMD \backsim \triangle ABE$임을 알 수 있다.

피타고라스의 정리를 이용하여 두 삼각형 $\triangle AMD$와 $\triangle ABE$의 닮음비를 구하면 $\frac{\sqrt{5}}{2}:1$이 된다. 또한, $\triangle AMG$와 $\triangle AEB$의 닮음비는 $1:2$이므로 $\overline{EF}=\frac{\sqrt{5}}{10}a$, $\overline{BE}=\frac{\sqrt{5}}{5}a$이다. $\triangle BEF$는 직각삼각형이고 넓이는 5이므로 $\frac{a^2}{20}=5$가 된다. 따라서 $a=10$이다.

다른 풀이: 닮음비의 문제는 삼각비로도 문제를 해결할 수 있다.

주어진 문제에서 $\angle DMA = \angle DAF = \angle ABE = \angle BFE$이므로

$$\sin(\angle DMA)=\sin(\angle DAG)=\sin(\angle ABE)=\sin(\angle BFE)=\frac{2}{\sqrt{5}}$$

이다.

여기서, $\sin(\angle BFE)=\frac{2}{\sqrt{5}}=\frac{\overline{BE}}{\frac{a}{2}}$이므로 $\overline{BE}=\frac{\sqrt{5}}{5}a$임을 이용하여 문제를 해결할 수도 있다.

풀이 1-2	닮은 도형을 이용함.
덧붙여	닮음 삼각형을 찾아 선분의 길이비를 찾고 피타고라스의 정리를 통해 선분의 길이들을 구하여 해결할 수 있다.

아래 그림에서 $\overline{AE}$와 $\overline{DM}$의 교점을 점 F라 하자.

$\angle FAM$을 θ라 하면,

$$\angle ADM = \theta \cdots ①$$

이다. $\overline{AF} = \overline{FE}$이고, $\overline{AM} = \overline{MB}$이므로 $\triangle AFM$과 $\triangle AEB$는 AA닮음이다. 따라서

$$\angle AFM = \angle AEB = 90^\circ \cdots ②$$

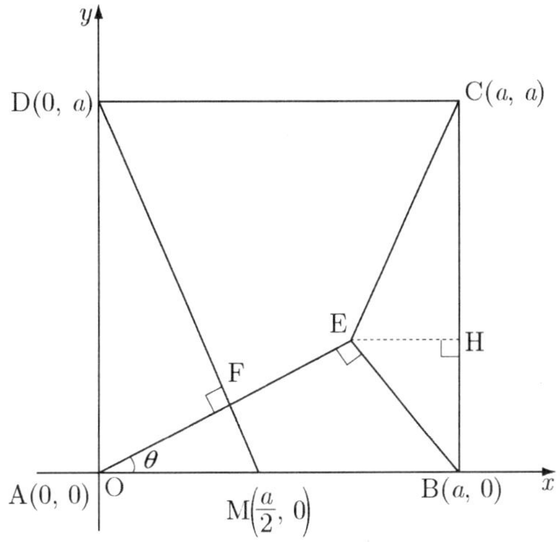

①, ②에 의해 $\angle BAE = \angle MDA = \theta$, $\angle AEB = \angle DAM = 90^\circ$이므로 $\triangle AMD$와 $\triangle EBA$는 닮음이다. 따라서 $\overline{AM} : \overline{AD} = \frac{a}{2} : a = \overline{BE} : \overline{AE} = 1:2$이다.

$\overline{BE} = x$라 하면, $\overline{AE} = 2x$이다.

$\triangle EBA$가 직각삼각형이므로 피타고라스의 정리에 의해

$$4x^2 + x^2 = \overline{AE}^2 + \overline{BE}^2 = \overline{AB}^2 = a^2$$

이다. 그러므로 $x = \frac{a}{\sqrt{5}}$이므로 $\overline{BE} = \frac{a}{\sqrt{5}}$이고, $\overline{AE} = \frac{2a}{\sqrt{5}}$이다.

마찬가지로, 점 E에서 선분 BC에 수선을 그으면, $\angle EAB = \angle EBH = \theta$가 성립하므로, $\triangle AEB$와 $\triangle BHE$는 AA닮음이다. 즉, $\overline{EH} : \overline{BH} = 1:2$가 된다.

$\overline{BE} = \dfrac{a}{\sqrt{5}} = \dfrac{\sqrt{5}a}{5}$이므로, 선분의 길이비가 $1:2:\sqrt{5}$인 직각삼각형 BHE에서 $\overline{BH} = \dfrac{2}{5}a$, $\overline{EH} = \dfrac{a}{5}$가 된다. 따라서 삼각형 EBC의 넓이는

$$\frac{1}{2} \times \overline{EH} \times \overline{BC} = \frac{1}{2} \times \frac{a}{5} \times a = 10$$

이므로 $a = 10$이다.

풀이 2	삼각형의 넓이를 구하는 다양한 방식을 이용함.
덧붙여	삼각형의 넓이를 구하는 방법을 달리하여 한 변의 길이를 구하고, 밑변의 길이가 같고 높이가 같은 삼각형의 넓이는 서로 같음을 이용하여 문제를 해결할 수 있다.

다음 그림에서 $\triangle AMD$의 넓이를 구해보자.

$$\frac{1}{2} \times \overline{AM} \times \overline{AD} = \frac{1}{2} \times \overline{DM} \times \overline{AG}$$

$$\frac{1}{2} \times \frac{1}{2}a \times a = \frac{1}{2} \times \frac{\sqrt{5}}{2}a \times \overline{AG}$$

이다. 따라서 $\overline{AG} = \dfrac{1}{\sqrt{5}}a$이고 $\overline{AE} = \dfrac{2}{\sqrt{5}}a$임을 알 수 있다.

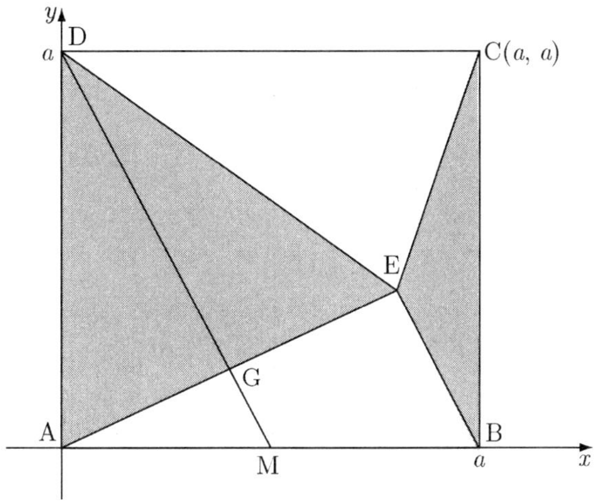

$\triangle$DAG에서 피타고라스의 정리를 적용하면 $\overline{DG}=\dfrac{2}{\sqrt{5}}a$이다. 그리고 $\triangle$ADE와 $\triangle$BCE의 넓이는 정사각형 ABCD 넓이의 절반이 됨을 알 수 있다.

$$\triangle BCE = \frac{1}{2}a^2 - \triangle ADE$$

$$= \frac{1}{2}a^2 - \frac{2}{\sqrt{5}}a \times \frac{2}{\sqrt{5}}a \times \frac{1}{2} = \frac{1}{10}a^2 = 10$$

이므로 $a=10$이 된다.

다른 풀이: 직선 DM의 방정식을 구하고 점 A에서 이 직선에 이르는 거리를 구하면 선분 AG의 길이를 구할 수 있다. 마찬가지로 $\overline{DM}\perp\overline{AE}$를 이용하여 직선 AE의 방정식을 구하고 점 D에서 이 직선에 이르는 거리를 구하면 선분 DG의 길이를 구할 수 있다.

풀이 3-1	좌표평면을 이용함.
덧붙여	피타고라스 정리를 이용하여 대칭점의 좌표를 구하고 삼각형의 넓이를 구하여 문제를 해결할 수 있다.

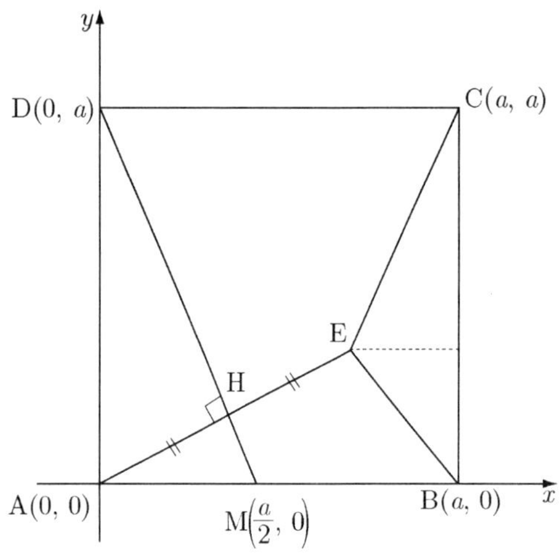

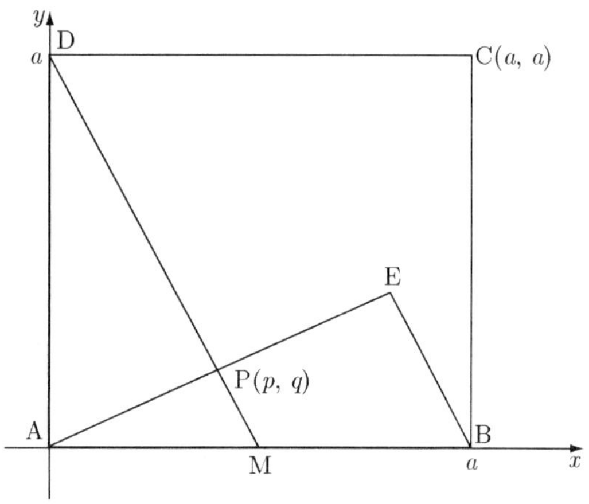

점 A와 점 E의 중점을 점 H라 할 때, 점 H는 직선 DM 위에 있다.

삼각형 AMD의 넓이는 $\frac{1}{2}\times\overline{\mathrm{AM}}\times\overline{\mathrm{AD}}=\frac{1}{2}\times\overline{\mathrm{AH}}\times\overline{\mathrm{DM}}$이므로,

$$\frac{1}{2}\times\frac{a}{2}\times a=\frac{1}{2}\times\overline{\mathrm{AH}}\times\frac{\sqrt{5}\,a}{2}$$

이다. 따라서 $\overline{\mathrm{AH}}=\frac{\sqrt{5}\,a}{5}$이다.

직각삼각형 AMH에서 $\overline{\mathrm{AH}}=\frac{\sqrt{5}\,a}{5}$이므로 피타고라스의 정리에 의해 $\overline{\mathrm{HM}}=\frac{\sqrt{5}}{10}a$ 이다.

$$\overline{\mathrm{DH}}=\overline{\mathrm{DM}}-\overline{\mathrm{HM}}=\frac{\sqrt{5}}{2}a-\frac{\sqrt{5}}{10}a=\frac{2\sqrt{5}}{5}a$$

이므로, $\overline{\mathrm{DH}}:\overline{\mathrm{HM}}=4:1$이다.

그러므로, 점 H 의 좌표는 $\mathrm{H}\left(\frac{2a}{5},\frac{a}{5}\right)$ 이다.

점 H는 점 A와 점 E의 중점이므로 점 E는 $\mathrm{E}\left(\frac{4}{5}a,\frac{2}{5}a\right)$이다.

점 E에서 선분 BC에 내린 수선의 길이는 $\frac{1}{5}a$이다. 주어진 문제에서 삼각형 EBC의 넓이는

$$\frac{1}{2}\times\overline{\mathrm{BC}}\times\overline{\mathrm{EH}}=\frac{1}{2}\times a\times\frac{a}{5}=10$$

이므로 $a=10$이다.

▌풀이 3-2	좌표평면을 이용함.
▌덧붙여	삼각형 세 점의 좌표를 통해 삼각형의 넓이를 구하고 문제를 해결할 수 있다.

$\overline{\mathrm{DM}}$과 $\overline{\mathrm{AE}}$의 교점을 $\mathrm{P}(p, q)$라 하자. 점 D와 점 M을 지나는 직선의 방정식은 $y=-2x+a$ 이므로, $q=-2p+a$이다. 한편, $\overline{\mathrm{DM}}\perp\overline{\mathrm{AE}}$이므로 $\frac{q}{p}=\frac{1}{2}$이다.

따라서, $q=-2p+a$와 $p=2q$를 연립하면 $p=\frac{2}{5}a,\ q=\frac{4}{5}a$이다.

점 E는 $(2p, 2q)$이므로 $\triangle\mathrm{EBC}$의 넓이는

$$S=\frac{1}{2}\times a\times\left(a-\frac{4}{5}a\right)$$

이다. 즉, $\frac{a^2}{10}=10$이므로, $a=10$이다.

다른 풀이: 여기서 사선식을 이용하여, 삼각형 EBC의 넓이를 구하면,

$$\frac{1}{2}\begin{vmatrix} a & \frac{4}{5}a & a & a \\ 0 & \frac{2}{5}a & a & 0 \end{vmatrix}=\frac{1}{2}\left\{\left|\frac{2}{5}a^2+\frac{4}{5}a^2\right|-\left|\frac{2}{5}a^2+a^2\right|\right\}=\frac{1}{2}\times\frac{a^2}{5}$$

이다.

❙ 핵심 개념 사선식을 이용한 삼각형의 넓이

삼각형 ABC가 있다. 세 점 A, B, C의 좌표가 $A(a_1, a_2)$, $B(b_1, b_2)$, $C(c_1, c_2)$일 때, 삼각형의 넓이 S는

$$S=\frac{1}{2}|a_1b_1+b_1c_2+c_1a_2-(a_2b_1+b_2c_1+a_1c_2)|$$

이다.

증명1 두 점 $A(a_1, a_2)$, $B(b_1, b_2)$를 지나는 직선의 방정식은

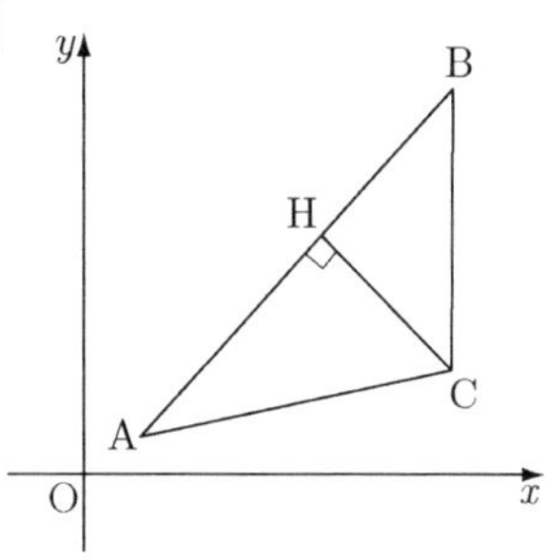

$$y-b_1=\frac{b_2-b_1}{a_2-a_1}(x-a_1) \text{ 즉,}$$

$$(b_2-b_1)x-(a_2-a_1)y-(a_1b_2+a_2b_1)=0 \cdots (*)$$

이다.

점 C에서 직선 (*)에 내린 수선의 발을 H라 할 때, 점 $C(c_1, c_2)$과 직선 (*) 사이의 거리는

$$\overline{\mathrm{CH}}=\frac{|(b_2-b_1)a_3+(a_2-a_1)b_3-(a_1b_2-a_2b_1)|}{\sqrt{(b_2-b_1)^2+(a_2-a_1)^2}}$$

$$=\frac{|(a_1-a_2)b_3+(a_2-a_3)b_1-(a_3-a_1)b_2|}{\sqrt{(a_2-a_1)^2+(b_2-b_1)^2}}$$

삼각형의 넓이 S

$$=\frac{1}{2}\times\overline{\mathrm{AB}}\times\overline{\mathrm{CH}}$$

$$=\frac{1}{2}\sqrt{(a_2-a_1)^2+(b_2-b_1)^2}\times\frac{|(a_1-a_2)b_3+(a_2-a_3)b_1-(a_3-a_1)b_2|}{\sqrt{(a_2-a_1)^2+(b_2-b_1)^2}}$$

$$=\frac{1}{2}|a_1b_1+b_1c_2+c_1a_2-(a_2b_1+b_2c_1+a_1c_2)|$$

증명2 두 벡터 $\overrightarrow{AB}, \overrightarrow{AC}$의 사이각을 θ라 할 때,

$$\overrightarrow{AB} \cdot \overrightarrow{AC} = |\overrightarrow{AB}| \times |\overrightarrow{AC}| \times \cos\theta$$

이므로, $\cos\theta = \dfrac{\overrightarrow{AB} \cdot \overrightarrow{AC}}{|\overrightarrow{AB}||\overrightarrow{AC}|}$이다.

즉, $\sin\theta = \sqrt{1-\cos^2\theta} = \sqrt{1-\dfrac{(\overrightarrow{AB} \cdot \overrightarrow{AC})^2}{\overline{AB}^2\,\overline{AC}^2}}$

삼각형의 넓이가 $S = \dfrac{1}{2}\,\overline{AB} \times \overline{AC} \times \sin\theta$임을 이용하면,

$$S = \frac{1}{2}\sqrt{\overline{AB}^2\,\overline{AC}^2 - (\overrightarrow{AB} \cdot \overrightarrow{AC})^2}$$

이 성립한다. 벡터의 성분을 대입하여 인수분해하면,

$$S = \frac{1}{2}|a_1b_1 + b_1c_2 + c_1a_2 - (a_2b_1 + b_2c_1 + a_1c_2)|$$

이다.

풀이 4	삼각비를 이용함.
덧붙여	변의 길이에 대하여 피타고라스 정리, 삼각비를 이용하여 문제를 해결할 수 있다.

두 점 A, B의 중점인 M의 좌표가 $\left(\dfrac{a}{2}, 0\right)$이므로, $\overline{AM} = \dfrac{a}{2}$이다. $\overline{AD} = a$이므로 피타고라스의 정리에 의해 $\overline{DM} = \dfrac{\sqrt{5}}{2}a$이다. $\overline{AE}$와 $\overline{DM}$의 교점을 N이라 할 때, $\overline{AN}$과 $\overline{DM}$은 수직이다.

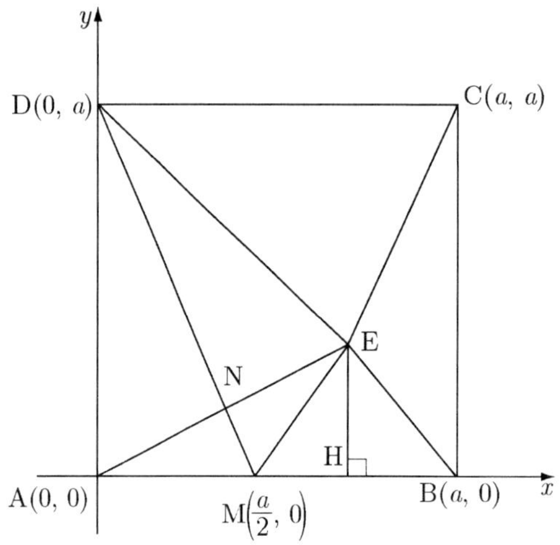

따라서 삼각형 DAM의 넓이는 $\frac{1}{2}\times\overline{\mathrm{AN}}\times\frac{\sqrt{5}}{2}a=\frac{1}{2}\times\frac{a}{2}\times a$이므로 $\overline{\mathrm{AN}}=\frac{\sqrt{5}}{5}a$ 이고, $\overline{\mathrm{EA}}=2\overline{\mathrm{AN}}=\frac{2\sqrt{5}}{5}a$이다.

$\angle\mathrm{MAN}=\theta$라 할 때, $\cos\theta=\frac{\overline{\mathrm{AN}}}{\overline{\mathrm{AM}}}=\frac{\frac{\sqrt{5}}{5}a}{\frac{a}{2}}=\frac{2\sqrt{5}}{5}$ 이다.

점 E에서 내린 $\overline{\mathrm{AB}}$에 내린 수선의 발을 H라 할 때,

$$\overline{\mathrm{AH}}=\overline{\mathrm{EA}}\cos\theta=\frac{2\sqrt{5}}{5}a\times\frac{2\sqrt{5}}{5}=\frac{4}{5}a$$

이므로, $\overline{\mathrm{BH}}=a-\overline{\mathrm{AH}}=\frac{1}{5}a$이다.

$\triangle\mathrm{EBC}=\frac{1}{2}\overline{\mathrm{BH}}\cdot\overline{\mathrm{BC}}$이므로, $10=\frac{1}{2}\times\frac{1}{5}a\times a$이다. 따라서 $a=10$이다.

▌풀이 5-1	두 원의 방정식을 이용함.
▌덧붙여	두 개의 원을 작도하고 이들 원의 방정식을 구하여 한 점의 좌표를 찾아 내어 해결할 수 있다.

$\triangle$DAM과 $\triangle$DEM은 합동인 직각삼각형이므로 점 M과 점 D를 이은 선분 MD의 중점을 중심으로 하는 원을 그릴 수 있다.

이 때 원의 방정식은 $\left(x-\frac{1}{4}a\right)^2+\left(y-\frac{1}{2}a\right)^2=\frac{5}{4}a^2$이 된다.

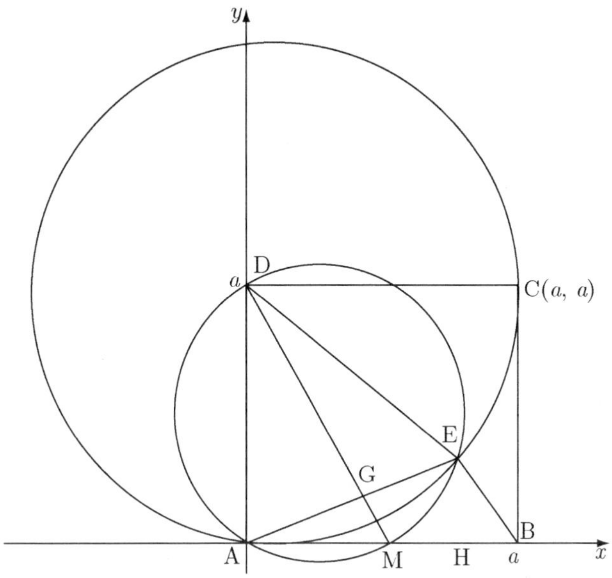

또한, 점 D를 중심으로 하고 선분 DA를 반지름으로 하는 원의 방정식을 구하면 원의 방정식은 $x^2+(y-a)^2=a^2$이 된다.

이 두 원의 교점을 구하면 점 E는 $E\left(\frac{4}{5}a,\ \frac{2}{5}a\right)$가 된다.

점 E에서 선분 BC에 내린 수선의 길이는 $\frac{1}{5}a$이다.

주어진 문제에서 삼각형 EBC의 넓이는

$$\frac{1}{2}\times\overline{BC}\times\overline{EH}=\frac{1}{2}\times a\times\frac{a}{5}=10$$

이므로 $a=10$이다.

❙ 풀이 5-2	두 원을 이용함.
❙ 덧붙여	합동인 도형의 변의 길이가 같음을 이용하여 원을 작도한 후, 원의 방정식을 이용하여 문제를 해결할 수 있다.

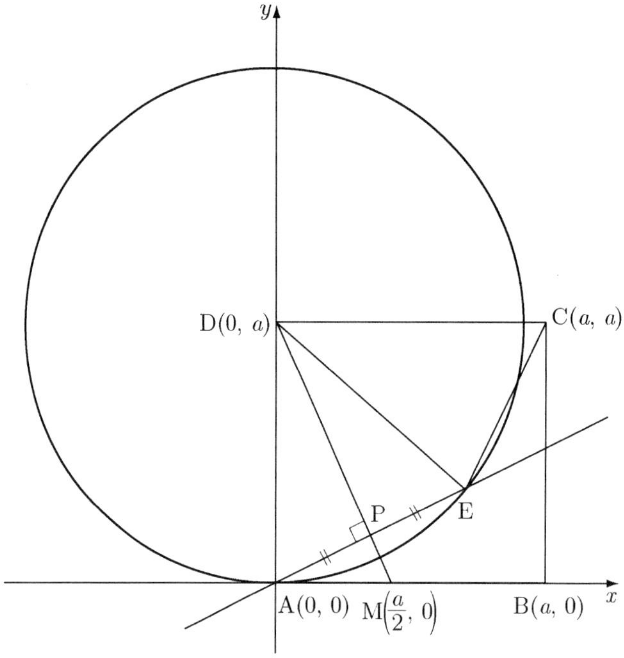

$\triangle$DPA와 $\triangle$EDP는 서로 합동이므로 $\overline{\mathrm{DE}}=a$이다. 따라서 점 D를 중심으로 하고 반지름의 길이가 a인 원의 방정식은 $x^2+(y-a)^2=a^2$이고, 선분 DM에 수직이고 원점을 지나는 직선의 방정식은 $y=\frac{1}{2}x$이다. 따라서 점 E는 원 $x^2+(y-a)^2=a^2$과 직선 $y=\frac{1}{2}x$의 교점이다. 이 원의 방정식과 직선의 방정식을 연립하여 점 E의 x좌표를 구하면, $\frac{4}{5}a$이다. 즉, 점 E에서 선분 BC에 내린 수선의 길이는 $\frac{1}{5}a$이다. 그러므로 주

어진 문제에서 삼각형 EBC의 넓이는 $\frac{1}{2}\times\overline{\mathrm{BC}}\times\overline{\mathrm{EH}}=\frac{1}{2}\times a\times\frac{a}{5}=10$이므로 $a=10$이다.

▌풀이 6 직선에 대한 대칭변환의 행렬을 이용함.

▌덧붙여 좌표평면에서 대칭점은 결국 대칭선에 대한 점의 위치이동이므로 직선에 대한 대칭변환 행렬을 이용하여 문제를 해결할 수 있다.

▌핵심 개념 직선 $y=mx\,(m\neq 0)$에 대한 대칭변환의 행렬

직선 $y=mx\,(m\neq0)$에 대한 대칭변환의 행렬은 $\frac{1}{1+m^2}\begin{pmatrix}1-m^2 & 2m\\ 2m & m^2-1\end{pmatrix}$이다.

증명1 좌표평면 위의 점 $\mathrm{P}(x,y)$의 직선 $y=mx$에 대한 대칭점을 $\mathrm{P}'(x',y')$이라 하자.

두 점 P, P′의 중점 Q는 직선 $y=mx$ 위에 있으며, 두 점 P, P′을 지나는 직선 PP′과 직선 $y=mx$는 수직이란 점을 이용하자.

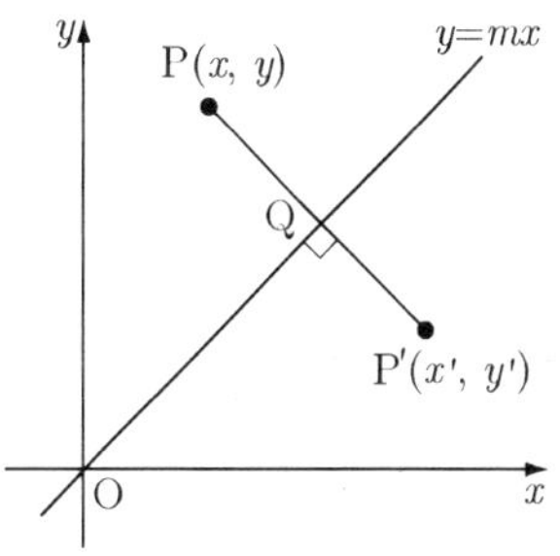

두 점 P, P′의 중점 $\mathrm{Q}\left(\frac{x+x'}{2}, \frac{y+y'}{2}\right)$은 직선 $y=mx$ 위에 있으므로,

$$\frac{y+y'}{2}=m\times\frac{x+x'}{2},\ y+y'=mx+mx',$$

즉,

$$mx'-y'=-mx+y \cdots ①$$

두 점 P, P′을 지나는 직선 PP′과 직선 $y=mx$는 수직이므로, 두 직선의 기울기의 곱은 -1이다.

$$\frac{y'-y}{x'-x}\times m=-1,\ my'-my=-x'+x,$$

즉,

$$x'+my'=x+my\ \cdots ②$$

식 ①$\times m+$②를 계산하면, $(m^2+1)x'=-(m^2-1)x+2my$,

즉,

$$x'=-\frac{m^2-1}{m^2+1}x+\frac{2m}{m^2+1}y\ \cdots ③$$

식 ②$\times m-$①을 계산하면, $(m^2+1)y'=2mx+(m^2-1)y$,

즉,

$$y'=\frac{2m}{m^2+1}x+\frac{m^2-1}{m^2+1}y\ \cdots ④$$

식 ③, ④를 행렬로 나타내면, $\begin{pmatrix}x'\\y'\end{pmatrix}=\begin{pmatrix}-\frac{m^2-1}{m^2+1} & \frac{2m}{m^2+1}\\ \frac{2m}{m^2+1} & \frac{m^2-1}{m^2+1}\end{pmatrix}\begin{pmatrix}x\\y\end{pmatrix}$ 이므로,

직선 $y=mx$에 대한 대칭변환의 행렬은 $\frac{1}{1+m^2}\begin{pmatrix}1-m^2 & 2m\\ 2m & m^2-1\end{pmatrix}$이다.

증명 2 점 $\mathrm{P}(1,0)$의 직선 $y=mx$에 대한 대칭점은 P', 점 $\mathrm{R}(0,1)$의 직선 $y=mx$에 대한 대칭점은 R'이라 하고, $y=mx$에 대한 대칭변환의 행렬을 M이라 하자.

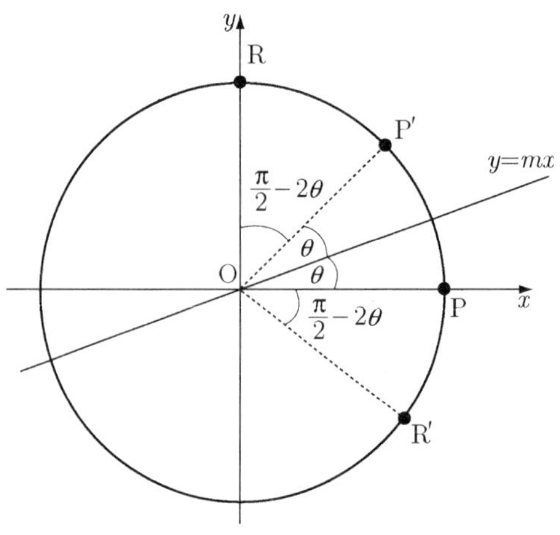

$$M\begin{pmatrix}1\\0\end{pmatrix}=\begin{pmatrix}\cos 2\theta\\ \sin 2\theta\end{pmatrix},$$

$$M\begin{pmatrix}0\\1\end{pmatrix}=\begin{pmatrix}\cos\left\{-\left(\frac{\pi}{2}-2\theta\right)\right\}\\ \sin\left\{-\left(\frac{\pi}{2}-2\theta\right)\right\}\end{pmatrix}=\begin{pmatrix}\cos\left(\frac{\pi}{2}-2\theta\right)\\ -\sin\left(\frac{\pi}{2}-2\theta\right)\end{pmatrix}$$

$$=\begin{pmatrix}-\sin(-2\theta)\\ -\cos(-2\theta)\end{pmatrix}=\begin{pmatrix}\sin 2\theta\\ -\cos 2\theta\end{pmatrix}$$

이므로 두 행렬을 하나로 묶으면, $M\begin{pmatrix}1\ 0\\0\ 1\end{pmatrix}=\begin{pmatrix}\cos 2\theta & \sin 2\theta\\ \sin 2\theta & -\cos 2\theta\end{pmatrix}$, 즉

$$M=\begin{pmatrix}\cos 2\theta & \sin 2\theta\\ \sin 2\theta & -\cos 2\theta\end{pmatrix}$$

이다.

직선 $y=mx$의 기울기가 m이고 x축의 양의 방향과 이루는 각이 θ이므로 $m=\tan\theta=\dfrac{\sin\theta}{\cos\theta}$, 즉 $\sin\theta=m\cos\theta$이므로 $\sin^2\theta+\cos^2\theta=1$에 대입하면, $m^2\cos^2\theta+\cos^2\theta=1$, 즉 $\cos^2\theta=\dfrac{1}{m^2+1}$이다.

또한, $\sin 2\theta=2\sin\theta\cos\theta=2\dfrac{\sin\theta}{\cos\theta}\cos^2\theta=2\tan\theta\cos^2\theta=2m\dfrac{1}{m^2+1}$

이다.

그리고, $\cos 2\theta=2\cos^2\theta-1=2\dfrac{1}{m^2+1}-\dfrac{m^2+1}{m^2+1}=-\dfrac{m^2-1}{m^2+1}$ 이다.

따라서 $M=\begin{pmatrix}\cos 2\theta & \sin 2\theta\\ \sin 2\theta & -\cos 2\theta\end{pmatrix}=\begin{pmatrix}-\dfrac{m^2-1}{m^2+1} & \dfrac{2m}{m^2+1}\\ \dfrac{2m}{m^2+1} & \dfrac{m^2-1}{m^2+1}\end{pmatrix}$이다.

주어진 사각형 ABCD를 y축 방향으로 $-a$만큼 평행 이동한 사각형을 $A'B'C'D'$라 하자.

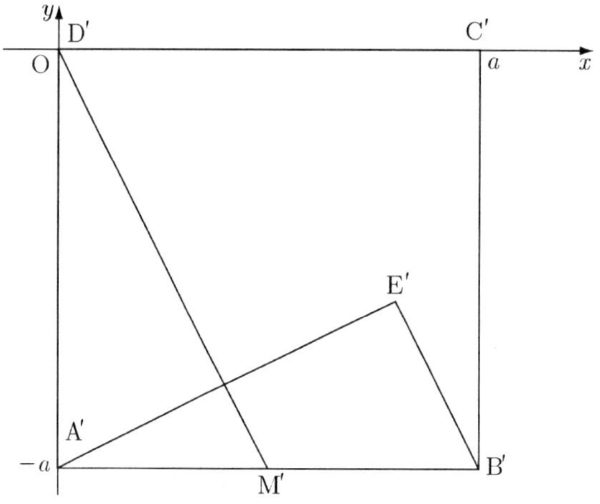

이때, 점 D'와 점 M'를 지나는 직선의 방정식은 $y=-2x$이다. $y=mx$에 대해 대칭 변환을 나타내는 행렬은

$$\frac{1}{1+m^2}\begin{pmatrix} 1-m^2 & 2m \\ 2m & m^2-1 \end{pmatrix}$$

이므로 점 $A'(0, -a)$를 $y=-2x$에 대칭이동한 점 E'는

$$\frac{1}{5}\begin{pmatrix} -3 & -4 \\ -4 & 3 \end{pmatrix}\begin{pmatrix} 0 \\ -a \end{pmatrix}=\begin{pmatrix} \frac{4}{5}a \\ -\frac{3}{5}a \end{pmatrix}$$

이 된다. 이를 다시 y축 방향으로 a만큼 평행이동하면 점 E는 $E\left(\frac{4}{5}a, \frac{2}{5}a\right)$가 된다.

풀이 7	삼각함수의 배각공식을 이용함.
덧붙여	삼각형의 한 외각의 합은 두 내각의 합과 같음을 이용하면 해결할 수 있다.

▌핵심 개념 삼각함수의 배각공식

(1) $\sin 2\alpha = 2\sin\alpha\cos\alpha$

(2) $\cos 2\alpha = \cos^2\alpha - \sin^2\alpha = 2\cos^2\alpha - 1 = 1 - 2\sin^2\alpha$

(3) $\tan 2\alpha = \dfrac{2\tan\alpha}{1-\tan^2\alpha}$

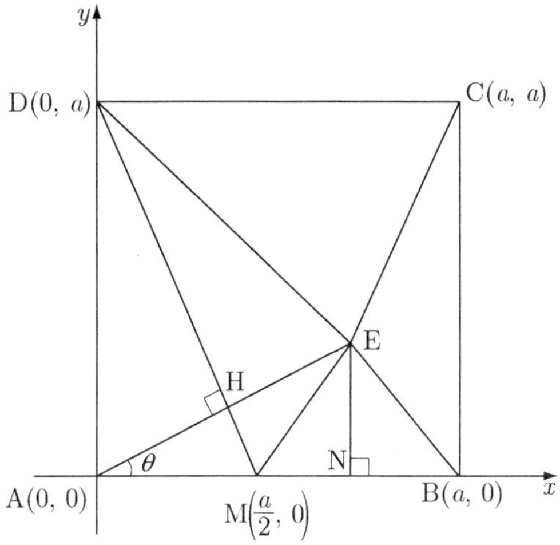

위 그림과 같이 두 선분 AE와 DM의 교점을 점 H라 하자. 두 점 D$(0,a)$와 M$\left(\dfrac{a}{2},0\right)$을 지나는 직선의 기울기는 -2이다. 여기서, $\overline{\text{DM}}$과 $\overline{\text{AE}}$가 수직이므로 두 점 A$(0,0)$과 E를 지나는 직선의 기울기는 $\dfrac{1}{2}$이다.

즉, $\angle\text{EAM}=\theta$라 하면, $\angle\text{AEM}=\theta$이고 $\tan\theta=\dfrac{1}{2}$(=두 점 A와 E를 지나는 직선의 기울기)이다. 따라서 $\cos\theta=\dfrac{2}{\sqrt{5}}$, $\sin\theta=\dfrac{1}{\sqrt{5}}$이다. 그러므로,

$$\cos 2\theta = 2\cos^2\theta - 1 = 2\cdot\frac{4}{5} - 1 = \frac{8}{5} - 1 = \frac{3}{5}$$

이다. $\triangle$HAM와 $\triangle$HEM은 합동이므로 $\overline{\mathrm{EM}}=\overline{\mathrm{AM}}=\dfrac{a}{2}$이다. 점 E의 x좌표의 값은 $\overline{\mathrm{AN}}$의 길이와 같다.

여기서 $\overline{\mathrm{AN}}=\overline{\mathrm{AM}}+\overline{\mathrm{MN}}=\overline{\mathrm{AM}}+\overline{\mathrm{ME}}\cos 2\theta=\dfrac{a}{2}+\dfrac{a}{2}\cdot\dfrac{3}{5}=\dfrac{4}{5}a$이다.

따라서 $\triangle$EBC의 넓이는 $\dfrac{1}{2}\overline{\mathrm{NB}}\cdot\overline{\mathrm{BC}}=\dfrac{1}{2}\cdot\dfrac{a}{5}\cdot a=\dfrac{a^2}{10}=10$이므로 $a=10$이다.

다풀이 (5)

직각삼각형은 삼각형의 세 각 중 하나의 각이 90도로 결정되어 있기 때문에 나머지 두 각이 같도록 보조선만 그으면, 닮은 삼각형을 쉽게 만들 수 있다. 닮은 도형의 모서리의 길이의 비를 바탕으로 비례식을 세울 수 있으며, 이러한 과정을 통하여 문제를 해결할 수 있다. 또한, 보조선을 통해서 각이 이등분되거나, 두 각을 더하여 특수각이 되는 상황을 통해 각의 이등분선의 정리나, 덧셈정리를 적용할 수 있다.

다풀이 [5]의 풀이들은 2009 개정 교육과정을 기준으로 할 때, 수학 I 과목의 도형의 방정식 영역, 미적분 II 과목의 삼각함수 영역의 내용을 이용한 것이었으며, 중학교 과정의 내용과 교육과정 외의 메넬라우스의 정리, 사인법칙, 코사인 제2법칙, 반각공식을 이용한 풀이였다.

<table>
<tr><th colspan="2">중학교 과정</th><th colspan="2">수학 Ⅰ</th></tr>
<tr><th colspan="2">내용</th><th>영역</th><th>내용</th></tr>
<tr><td colspan="2">• 삼각비
• 각의 이등분선의 정리
• 삼각형의 넓이</td><td>도형의 방정식</td><td>• 평면좌표
• 직선의 방정식</td></tr>
<tr><th colspan="2">미적분 Ⅱ</th><th colspan="2">교육과정 외</th></tr>
<tr><th>영역</th><th>내용</th><th colspan="2">내용</th></tr>
<tr><td>삼각함수</td><td>• 삼각함수의 뜻과 그래프</td><td colspan="2">• 메넬라우스의 정리
• 사인법칙
• 코사인 제2법칙
• 반각공식</td></tr>
</table>

문제

그림과 같이 $\angle ABC = 90°$, $\angle BAC = 60°$, $\overline{BC} = 6$ 인 직각삼각형 ABC 와 $\angle BDC = 90°$, $\angle DBC = 45°$ 인 직각삼각형 DBC 가 있다. 두 선분 AC 와 BD 의 교점을 E 라 할 때, 선분 CE 의 길이를 구하여라.

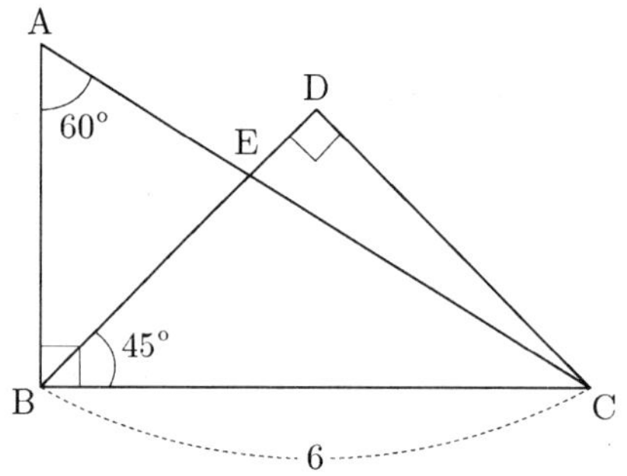

| 풀이 1 보조선과 삼각비를 이용함.

| 덧붙여 수선의 발을 내려 보조선을 만들고, 특수각의 삼각비를 이용하여 길이를 구할 수 있다.

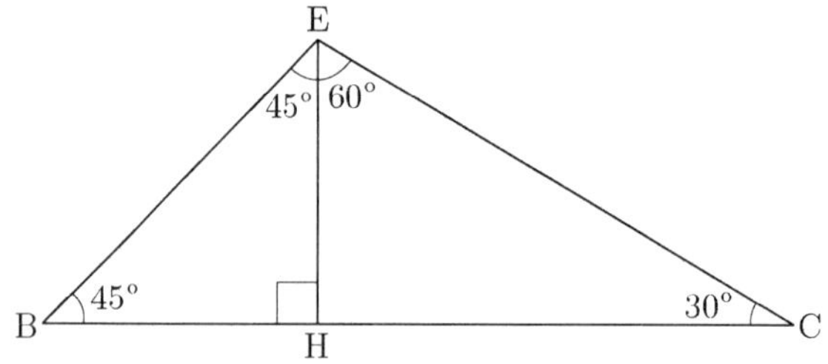

점 E에서 선분 BC에 내린 수선의 발을 내리자. $\overline{BH} = m$ 이라고 하면, $\overline{EH} = m$이고 $\overline{CE} = 2m$이다. 그리고,

$$6=\overline{BC}=\overline{BH}+\overline{HC}=m+\overline{EC}\cos 30^{\circ}=m+\sqrt{3}m$$

이므로 $m=3(\sqrt{3}-1)$이 된다.

따라서 $\overline{CE}=6(\sqrt{3}-1)$이다.

풀이 2	삼각형의 넓이 공식을 이용함.
덧붙여	주어진 직각삼각형을 두 개의 삼각형으로 나누어 넓이를 나타내고, 선분 EC의 길이를 구할 수 있다.

$\overline{AB}=2\sqrt{3}$, $\overline{CD}=3\sqrt{2}$ 이므로, 점 E에서 내린 수선의 발을 H라고 할 때, $\overline{BH}$의 길이를 x라고 두면, $\triangle$BEH는 직각삼각형이므로 $\overline{EH}=x$이고, $\overline{EC}=2x$이다.

$S_{\triangle ABC}=S_{\triangle ABE}+S_{\triangle EBC}$이므로 $6\sqrt{3}=\sqrt{3}x+3x$일 때, $x=3(\sqrt{3}-1)$이다. 따라서 $\overline{CE}=2x=6\sqrt{3}-6$이다.

풀이 3	각의 이등분선 정리를 이용함.
덧붙여	각의 이등분선 정리를 이용하여 문제를 해결할 수 있다.

직각삼각형 ABC에서 $\overline{BE}$는 각 B의 이등분선이다.

$\overline{AB}=\dfrac{6}{\tan 60^{\circ}}=2\sqrt{3}$ 이므로

$$\overline{AB}:\overline{BC}=\overline{AE}:\overline{EC},\ 2\sqrt{3}:6=\overline{AE}:\overline{CE},\ \overline{AE}=\frac{\sqrt{3}}{3}\overline{CE}$$

이다.

$\overline{AC} = \overline{AE} + \overline{EC} = \frac{\sqrt{3}}{3}\overline{EC} + \overline{CE} = \overline{BC}\cos 30^{\circ} = 4\sqrt{3}$ 이므로 $\overline{CE} = 6(\sqrt{3}-1)$이다.

풀이 4	피타고라스의 정리를 이용함.
덧붙여	직각삼각형 문제는 피타고라스 정리를 이용할 수 있는데, 이때 피타고라스의 정리로 나타낸 방정식의 변수가 1개일 때, 해를 구하기 쉽다.

점 E에서 선분 BC에 내린 수선의 발을 내리자. $\overline{BD} = \overline{CD} = 6\cos 45^{\circ} = 3\sqrt{2}$ 이다.
$\overline{EC} = x$, $\overline{EH} = a$, $\overline{ED} = b$라고 하자.

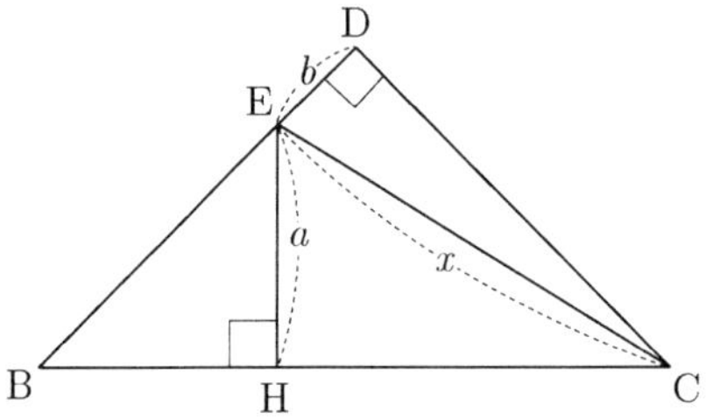

$\overline{BD} = \overline{BE} + \overline{ED} = \sqrt{2}a + b = 3\sqrt{2}$ 이므로

$$b = 3\sqrt{2} - \sqrt{2}a,\ \overline{CE} = x = \frac{a}{\cos 60^{\circ}} = 2a$$

이다.

직각삼각형 EDC 에서 피타고라스의 정리를 적용하면

$$\overline{CD}^2 + \overline{ED}^2 = \overline{EC}^2,\ (3\sqrt{2})^2 + b^2 = x^2,\ (3\sqrt{2})^2 + (3\sqrt{2} - \sqrt{2}a)^2 = (2a)^2$$

이다. 이차방정식을 풀면 $a = -3 + 3\sqrt{3}$ 이므로 $\overline{CE} = x = 2a = 6(\sqrt{3}-1)$이다.

풀이 5	닮음인 도형을 찾아 비례식을 이용함.
덧붙여	직각삼각형에서의 닮음비는 삼각함수의 값으로 나타낼 수 있음을 이용하여 문제를 해결할 수 있다.

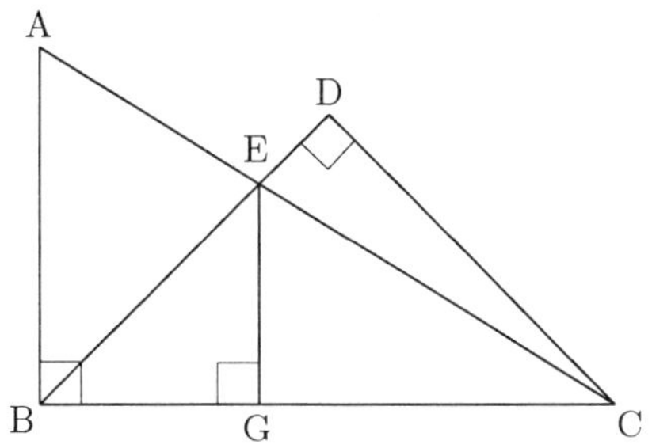

점 E에서 $\overline{BC}$에 수선을 내리고 수선의 발은 점 G이라고 하자. $\triangle ABC$와 $\triangle EGC$는 AA닮음임을 알 수 있다. 또한, $\angle EBC = 45^\circ$이므로 $\overline{BG} = \overline{EG} = x$이다.

$\tan 30^\circ = \dfrac{\overline{EG}}{\overline{CG}} = \dfrac{x}{\overline{CG}}$이므로, $\overline{CG} = \sqrt{3}x$이다.

$$\overline{CB} = \overline{CG} + \overline{BG} = \sqrt{3}x + x = (1+\sqrt{3})x$$

이고 $\overline{CB} = 6$이므로, $x = \dfrac{6}{(\sqrt{3}+1)} = 3(\sqrt{3}-1)$이다. 따라서

$$\overline{CE} = \frac{\overline{EG}}{\sin 30^\circ} = 2\overline{EG} = 6(\sqrt{3}-1)$$

이다.

풀이 6	메넬라우스의 정리를 이용함.
덧붙여	삼각형의 각 변 또는 그 연장선 위의 세 점이 일직선에 있을 조건을 이용하여 문제를 해결할 수 있다.

▌핵심 개념 메넬라우스의 정리(Menelaus' theorem)

삼각형 ABC의 변 BC, CA, AB 또는 그 연장선 위에 있는 점을 각각 P, R, Q라 할 때, 세 점 P, Q, R가 일직선 위에 있을 필요충분조건은

$$\frac{\overline{CP}}{\overline{BP}}\cdot\frac{\overline{BQ}}{\overline{AQ}}\cdot\frac{\overline{AR}}{\overline{CR}}=1$$

이다.

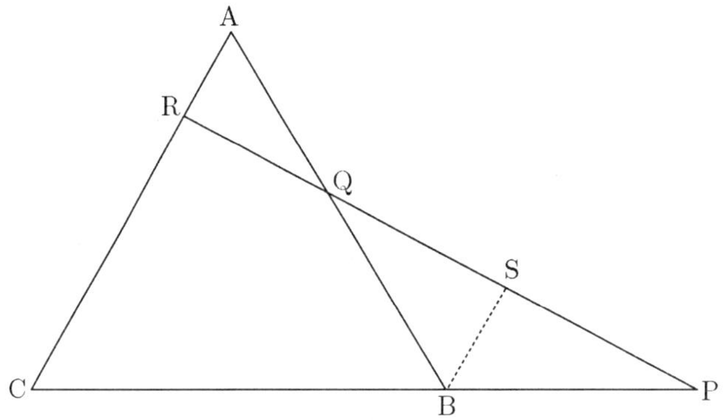

증명 삼각형 PRC와 삼각형 PSB에서 각 P는 공통이고, $\angle SBP=\angle RCP$이므로 $\triangle PRC$와 $\triangle PSB$는 AA 닮음이다. 따라서 $\frac{\overline{CP}}{\overline{BP}}=\frac{\overline{RC}}{\overline{SB}}$ …① 이다.

삼각형 ARQ와 삼각형 BSQ에서 $\angle SQB=\angle AQR$, $\angle QBS=\angle QAR$이므로 $\triangle ARQ$와 $\triangle BSQ$는 AA 닮음이다. 따라서 $\frac{\overline{BQ}}{\overline{AQ}}=\frac{\overline{SB}}{\overline{AR}}$ …② 이다.

식 ①과 식 ②를 곱하면, $\frac{\overline{CP}}{\overline{BP}}\times\frac{\overline{BQ}}{\overline{AQ}}=\frac{\overline{CR}}{\overline{SB}}\times\frac{\overline{SB}}{\overline{AR}}=\frac{\overline{CR}}{\overline{AR}}$이다. 양변에 $\frac{\overline{AR}}{\overline{CR}}$을 곱하면, $\frac{\overline{CP}}{\overline{BP}}\cdot\frac{\overline{BQ}}{\overline{AQ}}\cdot\frac{\overline{AR}}{\overline{CR}}=1$이다.

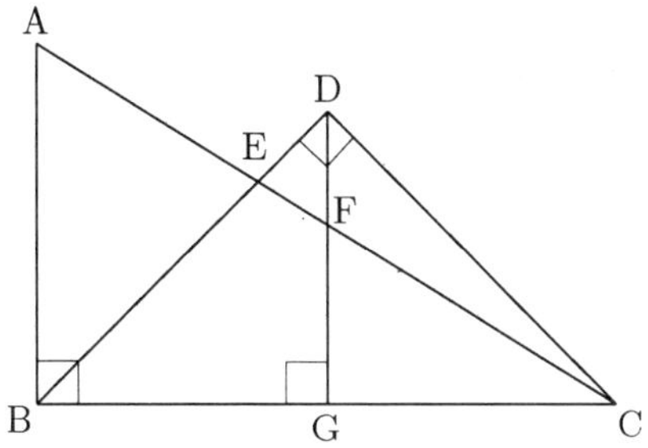

점 D 에서 $\overline{BC}$ 에 수선을 내리고 수선의 발은 점 G이라고 하자. $\overline{DE}=x$, $\overline{BE}=y$라 두면, 직각이등변삼각형 BDG에서 $\overline{BC}=6$이므로 $\overline{BD}=3\sqrt{2}$, $\overline{DG}=3$이고, $\angle FCG=30^\circ$ 인 직각삼각형 FCG에서 $\overline{CG}=3$이므로 $\overline{DG}=3$, $\overline{GF}=\sqrt{3}$ 이다. 따라서 직선 CFE와 삼각형 BDG에 메넬라우스의 정리(Menelaus' theorem)를 적용하면,

$$\frac{\overline{BE}}{\overline{DE}}\times\frac{\overline{BC}}{\overline{GC}}\times\frac{\overline{DF}}{\overline{GF}}=\frac{y}{x}\cdot\frac{3}{6}\cdot\frac{3-\sqrt{3}}{\sqrt{3}}=1$$

이 성립한다. 즉,

$$y=\frac{2x}{\sqrt{3}-1}\ \cdots①$$

이다.

삼각형 CDB가 빗변의 길이가 6인 직각이등변삼각형이므로,

$$3\sqrt{2}=\overline{BD}=\overline{BE}+\overline{ED}=y+x\ \cdots②$$

이다.

①, ②를 연립하면, $(3\sqrt{2}-x)=\dfrac{2x}{\sqrt{3}-1}$, $(\sqrt{3}+1)x=3\sqrt{2}(\sqrt{3}-1)$이므로,

$x=3\sqrt{2}(2-\sqrt{3})$이다.

직각삼각형 CDE에서 $\overline{DE}=x=3\sqrt{2}(2-\sqrt{3})$이고, $\overline{DC}=3\sqrt{2}$ 이므로 피타고라스의 정리에 의해, $\overline{EC}=\sqrt{x^2+18}=\sqrt{18(7-4\sqrt{3})+18}=6\sqrt{4-2\sqrt{3}}=6(\sqrt{3}-1)$ 이다.

풀이 7	좌표평면의 좌표를 이용함.
덧붙여	기하문제는 해석기하의 아이디어를 빌어, 도형의 점들이 간단한 좌표값을 가질 수 있도록 원점을 지정하여 해결할 수 있다.

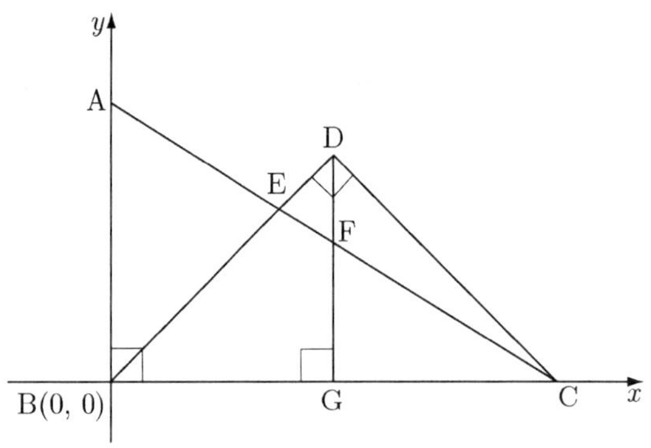

점 B를 좌표명면 위의 원점이라 하면 $A(0,\ 2\sqrt{3})$, $B(0,\ 0)$, $C(6,\ 0)$, $D(3,\ 3)$라 둘 수 있다. 두 점 B, D를 지나는 직선의 방정식은 $y=x$ 이고 두 점 A, C를 지나는 직선의 방정식은 기울기가 $\tan(180^\circ-30^\circ)=-\dfrac{1}{\sqrt{3}}$ 이므로, $y=-\dfrac{\sqrt{3}}{3}x+2\sqrt{3}$ 이다. 이 두 직선의 교점은 $E\big(3(\sqrt{3}-1),\ 3(\sqrt{3}-1)\big)$가 된다. $C(6,0)$, $E\big(3(\sqrt{3}-1),\ 3(\sqrt{3}-1)\big)$ 이므로, 두 점 사이의 거리 공식을 이용하면 선분 CE의 길이는

$$\begin{aligned}\overline{CE} &= \sqrt{\{6-3(\sqrt{3}-1)\}^2+3^2(\sqrt{3}-1)^2}\\ &=\sqrt{(9-3\sqrt{3})^2+(3\sqrt{3}-3)^2}\\ &=3\sqrt{(3-\sqrt{3})^2+(\sqrt{3}-1)^2}\\ &=3\sqrt{16-8\sqrt{3}}=6\sqrt{4-2\sqrt{3}}=6(\sqrt{3}-1)\end{aligned}$$

이다.

풀이 8	코사인 제 2법칙을 이용함.
덧붙여	삼각형의 세 변의 길이와 한 각이 주어졌을 때 코사인 제 2법칙을 이용하여 문제를 해결할 수 있다.

핵심 개념 코사인 제 2법칙

$$a^2 = b^2 + c^2 - 2bc\cos A$$

$$b^2 = c^2 + a^2 - 2ca\cos B$$

$$c^2 = a^2 + b^2 - 2ab\cos C$$

증명 삼각형 ABC 에서 코사인 제1법칙에 의해

$$a = b\cos C + c\cos B$$

$$b = c\cos A + a\cos C$$

$$c = a\cos B + b\cos A$$

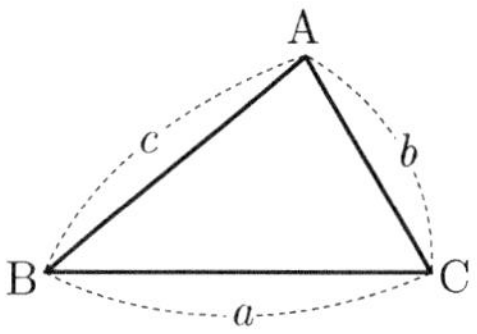

이므로 각 식의 양변에 차례로 a, b, c 를 곱하면

$$a^2 = ab\cos C + ac\cos B \quad \cdots\cdots ①$$

$$b^2 = bc\cos A + ba\cos C \quad \cdots\cdots ②$$

$$c^2 = ca\cos B + cb\cos A \quad \cdots\cdots ③$$

①－②－③을 계산하면

$$a^2 - b^2 - c^2 = -2bc\cos A$$

$$\therefore a^2 = b^2 + c^2 - 2bc\cos A$$

같은 방법으로

$$b^2 = c^2 + a^2 - 2ca\cos B$$

$$c^2 = a^2 + b^2 - 2ab\cos C$$

도 성립한다.

코사인 제 2법칙에 의해 $\overline{BE}=x$, $\overline{CE}=y$라 하면,

$$\frac{\sqrt{2}}{2}=\cos 45^\circ=\frac{36+x^2-y^2}{2\cdot 6x},\ 6\sqrt{2}x=36+x^2-y^2 \cdots ①$$

$$\frac{\sqrt{3}}{2}=\cos 30^\circ=\frac{36+y^2-x^2}{2\cdot 6y},\ 6\sqrt{3}y=36+y^2-x^2 \cdots ②$$

①+②하면,

$$\sqrt{2}x+\sqrt{3}y=12,\ y=4\sqrt{3}-\frac{\sqrt{6}}{3}x \cdots ③$$

③을 ①에 대입하면,

$$6\sqrt{2}x=36+x^2-\left(48-8\sqrt{2}x+\frac{2}{3}x^2\right),\ x^2+6\sqrt{2}x-36=0$$

이다.

근의 공식을 적용하면, $x=-3\sqrt{2}+3\sqrt{6}$ 이고 이를 ③에 대입하면 $\overline{CE}=y=6\sqrt{3}-6$ 이다.

▌풀이 9	코사인 제 2법칙과 파푸스의 정리를 이용함.
▌덧붙여	삼각형에 보조선으로 중선을 추가하여 파푸스의 정리와 코사인 제 2법칙을 이용하여 두 개의 방정식을 연립하면 해결할 수 있다.

▌핵심 개념 파푸스의 정리

삼각형 ABC에서 변 BC의 중점을 M이라고 할 때, 다음이 성립한다.

$$\overline{AB}^2+\overline{AC}^2=2\left(\overline{AM}^2+\overline{BM}^2\right)$$

증명 직선 BC를 x축, 점 M을 지나고 직선 BC에 수직인 직선을 y축으로 잡으면 점 M은 좌표평면의 원점이 된다. 세 점 A, B, C를 각각 $A(a,\ b)$, $B(-c,\ 0)$, $C(c,\ 0)$으로 놓으면

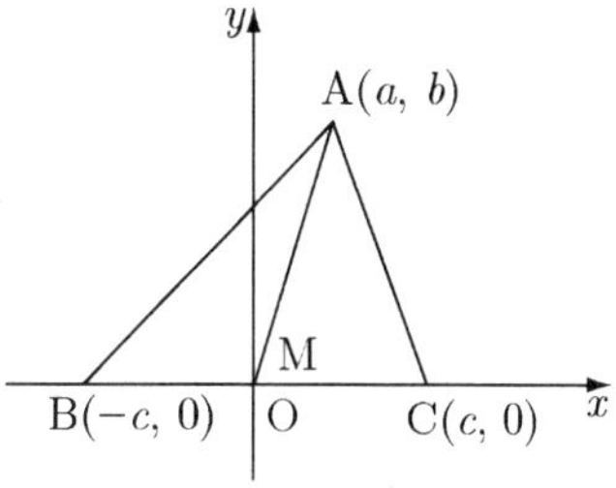

$$\overline{AB}^2+\overline{AC}^2$$
$$=\{(a+c)^2+b^2\}+\{(a-c)^2+b^2\}$$
$$=2(a^2+b^2+c^2) \quad \cdots\cdots ①$$

한편, $\overline{AM}^2=a^2+b^2$, $\overline{BM}^2=c^2$이므로

$$2(\overline{AM}^2+\overline{BM}^2)=2(a^2+b^2+c^2) \quad \cdots\cdots ②$$

①과 ②에서 $\overline{AB}^2+\overline{AC}^2=2(\overline{AM}^2+\overline{BM}^2)$이 성립한다.

점 E에서 $\overline{BC}$의 중점 M으로 이은 중선을 생각하자. 또한, 점 E에서 $\overline{BC}$에 내린 수선의 발을 점 G라고 하자.

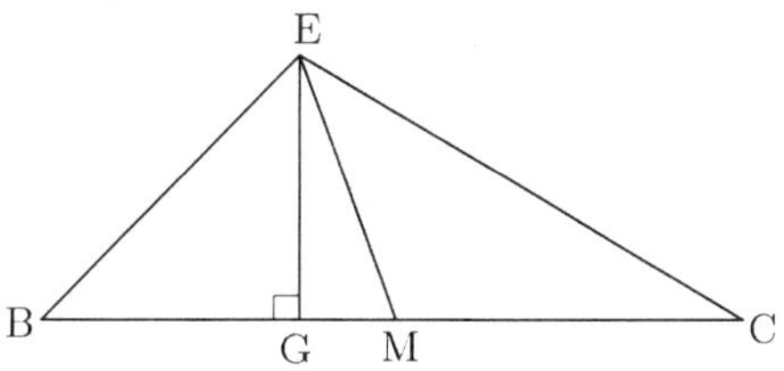

$\overline{EB}=\dfrac{\overline{EG}}{\sin 45^\circ}=\sqrt{2}\,\overline{EG}$, $\overline{EC}=\sin 30^\circ\ \overline{EG}=2\overline{EG}$이므로, $\overline{EC}=\sqrt{2}\,\overline{EB}$이다.

또한, $\overline{CM}=\overline{BM}=3$이다. △EBM 에서 코사인 제 2법칙을 적용하면

$$\overline{EM}^2=\overline{EB}^2+\overline{BM}^2-2\overline{EB}\cdot\overline{BM}\cos45^\circ$$

이다. 이를 파푸스의 정리 $\overline{EB}^2+\overline{EC}^2=2(\overline{EM}^2+\overline{CM}^2)$에 대입하면, $\overline{EB}$에 대한 이차방정식 $\overline{EB}^2+\sqrt{2}\,\overline{EB}^2-2(\overline{EB}^2+9-3\sqrt{2}\,\overline{EB}+9)=0$이 성립하고, 이 이차방정식의 해를 구하면, $\overline{EB}=3\sqrt{6}-3\sqrt{2}$ 이다.
따라서 $\overline{EC}=\sqrt{2}\,\overline{EB}$ 이므로, $\overline{EC}=6\sqrt{3}-6$이다.

| 풀이 10 삼각함수의 법칙인 사인법칙과 덧셈정리를 이용함.

| 덧붙여 삼각형의 세 각, 세 변 중 주어진 상황에 따라 삼각함수 법칙을 적용할 수 있다. 이 풀이의 경우, 마주보는 한 변과 한 각이 대응되므로, 사인법칙을 적용하고, 덧셈정리를 이용하여 문제를 해결할 수 있다.

| 핵심 개념 사인법칙

△ABC의 외접원의 반지름의 길이를 R 라고 하면

$$\frac{a}{\sin A}=\frac{b}{\sin B}=\frac{c}{\sin C}=2R$$

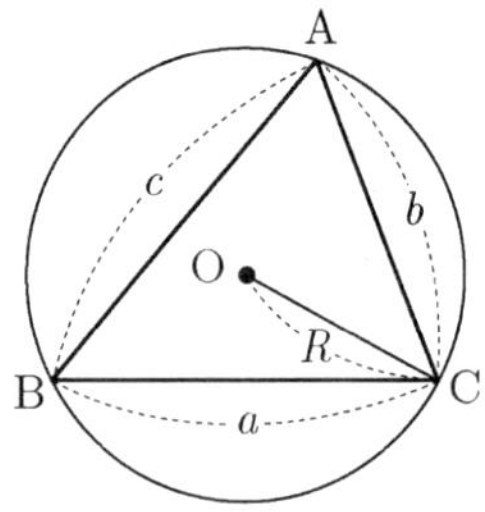

▍핵심 개념 삼각함수의 덧셈정리

1) $\sin(\alpha+\beta)=\sin\alpha\cos\beta+\cos\alpha\sin\beta$

$\sin(\alpha-\beta)=\sin\alpha\cos\beta-\cos\alpha\sin\beta$

2) $\cos(\alpha+\beta)=\cos\alpha\cos\beta-\sin\alpha\sin\beta$

$\cos(\alpha-\beta)=\cos\alpha\cos\beta+\sin\alpha\sin\beta$

3) $\tan(\alpha+\beta)=\dfrac{\tan\alpha+\tan\beta}{1-\tan\alpha\tan\beta}$

$\tan(\alpha-\beta)=\dfrac{\tan\alpha-\tan\beta}{1+\tan\alpha\tan\beta}$

$\triangle$ABC에서 $\angle ACB=30^\circ$ 이므로 $\angle BEC=150^\circ$ 이다. $\triangle$EBC에서 $\overline{BC}=6$, $\overline{EC}=x$ 라고 하자.

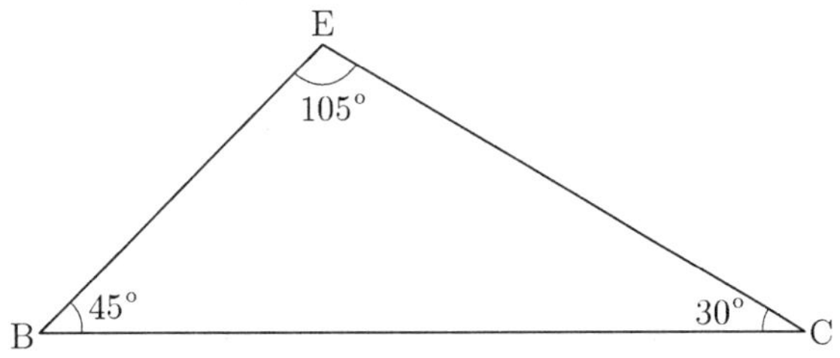

사인법칙을 이용하면 $\dfrac{6}{\sin 105^\circ}=\dfrac{x}{\sin 45^\circ}$ 가 된다. 여기서 삼각함수의 덧셈정리에 의해 $\sin 105^\circ=\sin(45^\circ+60^\circ)=\sin 45^\circ\cos 60^\circ+\cos 45^\circ\sin 60^\circ=\dfrac{\sqrt{2}+\sqrt{6}}{4}$ 이므로 $x=6(\sqrt{3}-1)$ 이다.

풀이 11	**탄젠트의 덧셈정리를 이용함.**
덧붙여	삼각형의 세 각, 세 변 중 주어진 상황에 따라 삼각함수 법칙을 적용할 수 있는데, 이 풀이의 경우 tan의 덧셈정리를 이용하였다.

$\angle \mathrm{ECD} = \beta$, $\overline{\mathrm{DE}} = x$라 하면, $\overline{\mathrm{CD}} = 3\sqrt{2}$ 이므로 $\tan\beta = \dfrac{x}{3\sqrt{2}}$ 이다.

$$\tan(45-\beta) = \tan 30^\circ = \frac{1-\dfrac{x}{3\sqrt{2}}}{1+\dfrac{x}{3\sqrt{2}}\times 1}$$ 이다.

따라서 $x = 6\sqrt{3}-6$ 이다.

풀이 12	**삼각함수의 법칙인 반각의 공식을 이용함.**
덧붙여	주어진 문제의 그림에서 30°의 반각인 15°가 주어져 있으므로, 반각의 공식을 이용하여 문제를 해결할 수 있다.

핵심 개념 반각의 공식

1) $\sin^2\dfrac{\alpha}{2} = \dfrac{1-\cos\alpha}{2}$ 2) $\cos^2\dfrac{\alpha}{2} = \dfrac{1+\cos\alpha}{2}$ 3) $\tan^2\dfrac{\alpha}{2} = \dfrac{1-\cos\alpha}{1+\cos\alpha}$

$\triangle\mathrm{BCD}$에서 $\overline{\mathrm{CD}} = \dfrac{6}{\sqrt{2}}$ 이다. $\overline{\mathrm{EC}} = x$라 하자. $\angle\mathrm{BEC} = 105^\circ$이므로 $\triangle\mathrm{ECD}$에서 $\angle\mathrm{CED} = 75^\circ$이고, $\angle\mathrm{ECD} = 15^\circ$이다. $\cos 15^\circ = \dfrac{\overline{\mathrm{CD}}}{x}$ 이므로 $x = \dfrac{1}{\cos 15^\circ}\times\dfrac{6}{\sqrt{2}}$ 이다.

반각의 공식에서 $\cos^2 15^\circ = \cos^2\frac{30^\circ}{2} = \frac{1+\cos 30^\circ}{2} = \frac{2+\sqrt{3}}{4}$ 이다.

$\cos 15^\circ = \sqrt{\frac{2+\sqrt{3}}{4}}\ \frac{\sqrt{6}+\sqrt{2}}{4}$ 이므로

$$x = \frac{4}{\sqrt{6}+\sqrt{2}} \times \frac{6}{\sqrt{2}} = 6(\sqrt{3}-1)$$

다른 풀이: 여기서, $\cos 15^\circ = \cos(45^\circ - 30^\circ) = \cos 45^\circ \cos 30^\circ + \sin 45^\circ \sin 30^\circ$

$$= \frac{\sqrt{2}}{2} \cdot \frac{\sqrt{3}}{2} + \frac{\sqrt{2}}{2} \cdot \frac{1}{2} = \frac{\sqrt{6}+\sqrt{2}}{4}$$

이므로 $x = \frac{1}{\cos 15^\circ} \times \frac{6}{\sqrt{2}} = 6(\sqrt{3}-1)$이다.

다풀이 (6)

예시 원 $(x-1)^2+(y-2)^2=5$ 위의 점 $(-1,\ 3)$에서 그은 접선의 방정식을 구해 보자.

풀이 1 원의 중심을 C$(1,\ 2)$, 접점을 P$(-1,\ 3)$이라고 하면 직선 CP는 점 P$(-1,\ 3)$에서의 접선 l에 수직이다. 따라서 접선 l의 기울기를 m이라고 하면 직선 CP의 기울기가 $\dfrac{2-3}{1-(-1)}=-\dfrac{1}{2}$이므로 $m=2$와 같다. 또한 접선은 점 P$(-1, 3)$을 지나므로 구하는 접선의 방정식은

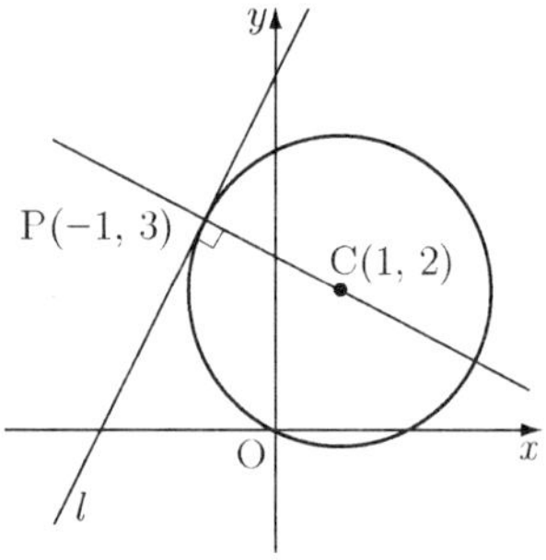

$$y=2(x+1)+3 \text{ 즉, } 2x-y+5=0$$

이다.

풀이 2 구하려는 접선은 점 $(-1,\ 3)$을 지나므로, 접선의 기울기를 m이라고 하면 접선의 방정식은 $y-3=m(x+1)$ 즉,

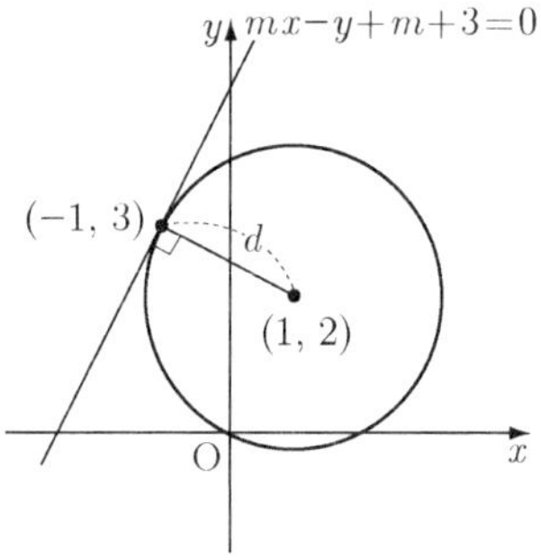

$$mx-y+m+3=0 \cdots\cdots ①$$

이때 원의 중심 $(1,\ 2)$와 직선 ① 사이의 거리 d는 원의 반지름의 길이와 같으므로,

$$\frac{|m\times1-2+m+3|}{\sqrt{m^2+(-1)^2}}=\sqrt{5},\ (2m+1)^2=5(m^2+1),\ (m-2)^2=0,\ m=2$$

따라서 구하는 접선의 방정식은 $2x-y+5=0$

위 예시문제에서 이차곡선과 직선이 접하는 상황을 접선과 수직인 직선이 원의 중심을 지나는 것으로 주목하는가, 원의 중심에서 접점까지의 거리가 원의 반지름의 길이와 같다는 것으로 주목하는가에 따라서 다양한 풀이가 제시될 수 있다. 이와 같이 다풀이 [6]에서 다루는 문제는 타원과 포물선이 접하는 상황에 대한 것이다. 이 상황에서 어떤 부분에 주목하는가에 따라서 다양한 풀이가 제시될 수 있다.

다풀이 [6]의 풀이들은 2009 개정 교육과정을 기준으로 할 때, 수학 I 과목의 방정식과 부등식, 도형의 방정식 영역, 수학 II 과목의 함수 영역, 미적분 I 과목의 다항함수의 미분법 영역, 미적분 II 과목의 삼각함수, 미분법 영역, 기하와 벡터 과목의 평면 곡선, 평면 벡터 영역의 내용을 이용한 것이었으며, 교육과정 외의 라그랑주 승수법을 이용한 풀이였다.

<table>
<tr><th colspan="2">수학 I</th><th colspan="2">수학 II</th></tr>
<tr><th>영역</th><th>내용</th><th>영역</th><th>내용</th></tr>
<tr><td>방정식과 부등식</td><td>• 이차방정식과 이차함수
• 여러 가지 부등식</td><td rowspan="2">함수</td><td>• 함수</td></tr>
<tr><td>도형의 방정식</td><td>• 평면좌표
• 직선의 방정식
• 원의 방정식</td><td>• 유리함수와 무리함수</td></tr>
<tr><th colspan="2">미적분 I</th><th colspan="2">미적분 II</th></tr>
<tr><th>영역</th><th>내용</th><th>영역</th><th>내용</th></tr>
<tr><td rowspan="2">다항함수의 미분법</td><td rowspan="2">• 미분계수
• 도함수
• 도함수의 활용</td><td>삼각함수</td><td>• 삼각함수의 뜻과 그래프
• 삼각함수의 미분</td></tr>
<tr><td>미분법</td><td>• 여러 가지 미분법
• 도함수의 활용</td></tr>
<tr><th colspan="2">기하와 벡터</th><th colspan="2">교육과정 외</th></tr>
<tr><th>영역</th><th>내용</th><th colspan="2">내용</th></tr>
<tr><td>평면 곡선</td><td>• 이차곡선
• 평면 곡선의 접선</td><td colspan="2" rowspan="2">• 라그랑주 승수법</td></tr>
<tr><td>평면 벡터</td><td>• 벡터의 연산
• 평면벡터의 성분과 내적</td></tr>
</table>

문제

실수 x, y가 $2x^2+y^2=2$를 만족할 때, $4x+y^2$의 최댓값을 M, 최솟값을 m이라 하자. 이때, $M+m$의 값을 구하여라.

❙ 풀이 1 변수를 줄여 이차함수의 최댓값과 최솟값으로 해결함.

❙ 덧붙여 y^2이 두 식에 공통으로 있으므로, 대입법을 이용하여 x에 대한 이차함수로 변형하면 최댓값과 최솟값을 구하여 해결할 수 있다. 이때, 하나의 문자에 대해 정리할 때 새롭게 정의되는 정의역에 주의해야 한다.

$2x^2+y^2=2$ 에서 $y^2=2-2x^2$ 이므로

$$4x+y^2=4x+2-2x^2=-2(x-1)^2+4$$

이다. 여기서, 두 실수 x, y에 대하여 $y^2\geq 0$이므로 $-1\leq x\leq 1$이다. 따라서, $x=1$일 때 최댓값 4, $x=-1$일 때 최솟값 -4를 갖는다. 그러므로 $M+m=0$이다.

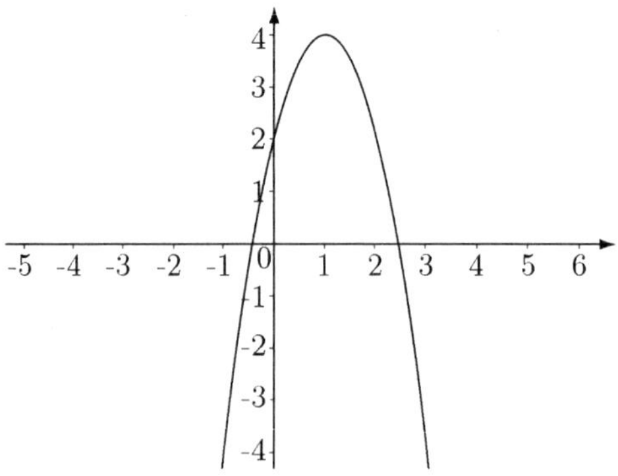

▎풀이 2	증가함수임을 이용함.
▎덧붙여	증가함수의 경우, 정의역의 대소관계는 함수대응관계에 의하여 그대로 유지되므로, 이를 이용하여 완전제곱식의 범위를 통해 증가함수 값의 최댓값과 최솟값을 구하여 해결할 수 있다.

▎핵심 개념 증가함수

함수 $f(x)$가 어떤 구간의 임의의 두 점 x_1, x_2에 대하여 $x_1 < x_2$일 때, $f(x_1) < f(x_2)$이면 $f(x)$는 그 구간에서 증가한다고 하고, $f(x_1) > f(x_2)$이면 $f(x)$는 그 구간에서 감소한다고 한다.

$2x^2+y^2=2$이므로 $0 \le y^2 \le 2$ …㉠, $4x+y^2=k$ (단, k는 실수이다.)라 할 때, $x=\frac{k}{4}-\frac{1}{4}y^2$ …㉡이다.

㉡을 $2x^2+y^2=2$에 대입하면,

$$\left(\frac{1}{16}y^4-\frac{2k}{16}y^2+\frac{k^2}{16}\right)+\frac{y^2}{2}=1,$$

$$y^4-2ky^2+k^2+8y^2=16,$$

$$y^4-2y^2(k-4)+(k^2-16)=0$$

즉, $\{y^2-(k-4)\}^2=32-8k$ …㉢이다.

(ⅰ) ㉢의 우변에서 $32-8k \ge 0$이므로 $k \le 4$이다.

(ⅱ) ㉠에서 $y^2=0$일 때, 식 ㉢은 $k^2+16=32$이다.

$\therefore k=\pm 4$

$y^2=2$일 때, 식 ㉢은 $(k-6)^2=32-8k$, $(k-2)^2=0$이다. $\therefore k=2$

따라서 (ⅰ)과 (ⅱ)에 의하여 k의 최댓값은 $M=4$이고 최솟값은 $m=-4$이므로, $M+m=0$이다.

풀이 3	미분을 이용함.
덧붙여	미분을 이용하여, $y=k$와 $y=-2(x-1)^2+4$의 교점의 y좌표의 최댓값, 최솟값을 구하여 해결할 수 있다.

핵심 개념 미분과 증가함수

(1) 함수 $f(x)$가 어떤 구간에서 미분가능하고 $f'(x)>0$이면 $f(x)$는 그 구간에서 증가하지만, $f(x)$가 증가하면 이 구간에서 $f'(x)\geq 0$이다.

(2) 함수 $f(x)$가 어떤 구간에서 미분가능하고 $f'(x)<0$이면 $f(x)$는 그 구간에서 감소하지만, $f(x)$가 감소하면 이 구간에서 $f'(x)\leq 0$이다.

풀이 1에서 구한 함수 $y=-2(x-1)^2+4$를 미분하면

$$y'=-4(x-1)=-4x+4\geq 0\ (-1\leq x\leq 1)$$

임을 알 수 있다. 주어진 구간 $[-1, 1]$ 내에서 $y=-2(x-1)^2+4$는 증가함수이므로 교점의 최댓값, 최솟값은 닫힌 구간 $[-1, 1]$의 양 끝점에서 결정된다. 즉, $x=1$일 때 최댓값 4를 갖고 $x=-1$에서 최솟값 -4를 갖게 된다. 그러므로 $M+m=4+(-4)=0$이다.

풀이 4	음함수의 미분법을 이용함.
덧붙여	음함수의 미분법을 이용하여, $y=k$와 $y=-2(x-1)^2+4$의 교점의 y좌표의 최댓값, 최솟값을 구할 수 있다.

핵심 개념 음함수의 미분법

원의 방정식

$$x^2+y^2-9=0 \cdots ①$$

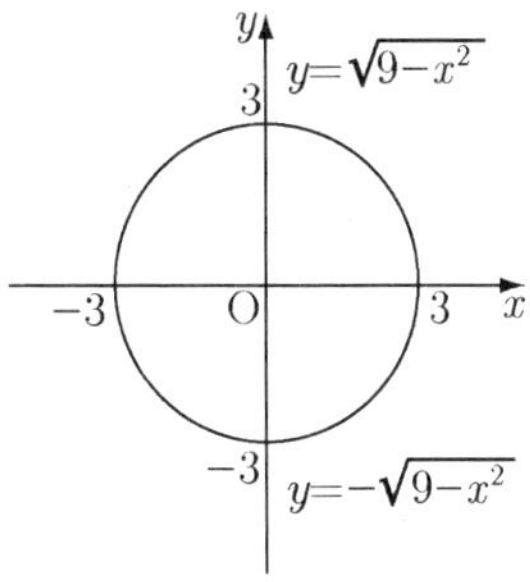

에서 y를 x에 대하여 풀면

$$y \geq 0\text{일 때, } y=\sqrt{9-x^2} \cdots ②$$

$$y \leq 0\text{일 때, } y=-\sqrt{9-x^2} \cdots ③$$

이고 ②, ③은 각각 구간 $[-3,\ 3]$을 정의역으로 하는 함수이다.

①은 두 함수 ② 또는 ③을 나타낸 것으로 볼 수 있다.

이와 같은 의미에서 x의 함수 y가 $f(x,\ y)=0$의 꼴로 주어졌을 때, y를 x의 음함수라고 한다.

예제 음함수의 미분법을 이용하여 원 위의 점에서의 접선의 방정식을 구해보자.

$x^2+y^2=r^2$의 양변을 x에 대하여 미분하면

$$2x+2y\frac{dy}{dx}=0 \quad \therefore \frac{dy}{dx}=-\frac{x}{y}$$

원 위의 점 $\mathrm{P}(x_1,\ y_1)$에서의 접선의 방정식은

$$y-y_1=-\frac{x_1}{y_1}(x-x_1),\ y_1y-y_1^2=-x_1x+x_1^2,\ x_1x+y_1y=x_1^2+y_1^2$$

점 $\mathrm{P}(x_1,\ y_1)$이 원 위의 점이므로 $x_1^2+y_1^2=r^2$

따라서 접선의 방정식은 $x_1x+y_1y=r^2$

$2x^2+y^2=2$이면, $-1 \le x \le 1$이다.

$4x+y^2=k \cdots$㉠ (단, k는 실수이다.)라 하면, $y=\pm\sqrt{k-4x}$ 이고, 식 ㉠을 미분하면

$$2y\frac{dy}{dx}=-4,\ \frac{dy}{dx}=-\frac{2}{y}=\mp\frac{2}{\sqrt{k-4x}}$$

이다. $y=\sqrt{k-4x}$ 가 감소함수이므로, $\frac{dy}{dx}=\frac{2}{\sqrt{k-4x}}$ 의 최댓값(최솟값)은 $\frac{dy}{dx}=-\frac{2}{\sqrt{k-4x}}$ 의 최솟값(최댓값)과 같으므로, $\frac{dy}{dx}=\frac{2}{\sqrt{k-4x}}$ 의 최댓값과 최솟값을 구해도 일반성을 잃지 않는다.

k의 값이 최대가 되려면 $\frac{dy}{dx}=\frac{2}{\sqrt{k-4x}}$ 가 최대가 되어야 하므로, $x=1$일 때, $k=4=M$이다.

k의 값이 최소가 되려면 $\frac{dy}{dx}=\frac{2}{\sqrt{k-4x}}$ 가 최소가 되어야 하므로, $x=-1$일 때, $k=-4=m$이다.

따라서 $M+m=0$이다.

풀이 5-1	이변수의 이차 방정식을 좌표평면에서 타원, 포물선으로 생각함.
덧붙여	주어진 식들을 각각 타원과 포물선의 식으로 해석하여, 포물선 그래프의 평행이동에 따라서 최댓값과 최솟값을 구할 수 있다. 평행이동에 있어 포물선의 기본형을 이해하고 있어야 하며, 접할 수 있는지 확인이 필요하다.

$2x^2+y^2=2$는 타원이므로 양변을 2로 나누면, $x^2+\frac{y^2}{2}=1$이다. 따라서 x축과의 교점은 $(\pm1, 0)$이고, y축과의 교점은 $(\pm\sqrt{2}, 0)$이다.

또한 포물선 $4x+y^2=k$ 즉, $y^2=-4x+k=-4\left(x-\frac{k}{4}\right)$의 그래프는 포물선 $y^2=-4x$

의 그래프를 x축으로 $\frac{k}{4}$만큼 평행이동한 것이다.

(ⅰ) 그림과 같이 타원 $x^2+\frac{y^2}{2}=1$와 포물선 $y^2=-4\left(x-\frac{k}{4}\right)$이 한 점에서 접할 때,

$\frac{k}{4}$가 최대가 된다.

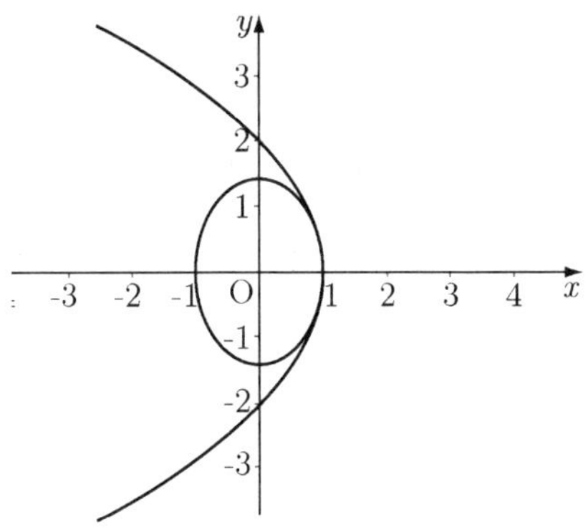

접점을 구하기 위해, 타원식에 포물선 식을 대입하여 정리하면, $2x^2-4x+k-2=0$ 이다.

이 이차방정식의 판별식이 0일 때 접하게 되므로, $\frac{D}{4}=4-2(k-2)=0$ $\therefore k=4$.

따라서 최댓값은 $M=4$이다.

다른 풀이: 타원과 포물선의 접점이 $(1, 0)$이므로 포물선 $y^2=-4\left(x-\frac{k}{4}\right)$의 x절편

$x=\frac{k}{4}$가 $x=1$일 때 k의 값이 최대이다.

따라서 $M=4$이다.

(ii) 타원과 포물선이 그림과 같이 x축 위의 한 점에서 접할 때, $\frac{k}{4}$는 최솟값이 된다.

이때의 접점은 타원의 꼭짓점이므로 $(-1,0)$이다. 따라서 $\frac{k}{4}=-1$이므로, 최솟값은 $m=-4$이다.

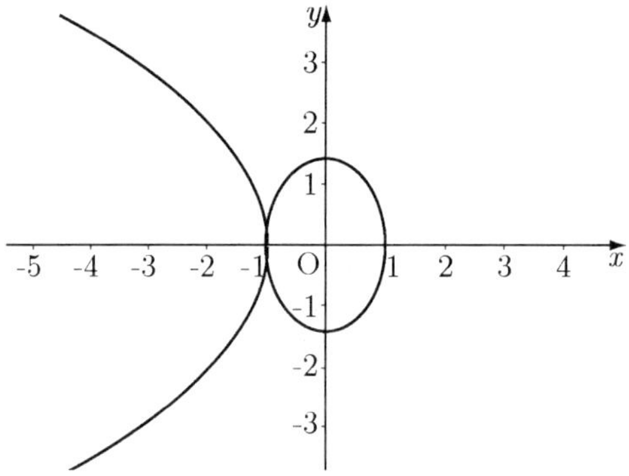

다른 풀이: 타원과 포물선의 접점 $(-1, 0)$이므로 포물선 $y^2=-4\left(x-\frac{k}{4}\right)$의 x절편

$x=\frac{k}{4}$가 $x=-1$일 때 k의 값이 최소이다.

따라서 $m=-4$이다.

그러므로 (i)과 (ii)에 의하여 $M+m=4-4=0$이다.

풀이 5-2	타원과 포물선의 방정식을 $y=x$에 대하여 대칭하여 생각함.
덧붙여	주어진 두 식을 $y=x$에 대하여 대칭으로 생각함으로써, 포물선 식을 간단한 형태로 바꾸어 최댓값과 최솟값을 구할 수 있다. 모든 풀이에서 $y=x$에 대하여 대칭으로 함수식들을 해석하여 해결할 수 없으나, 이 문제에서는 가능하다는 점을 유의해야 한다.

$y=x$에 대하여 대칭으로 생각하면, $2y^2+x^2=2$, $4y+x^2$의 최댓값 M과 최솟값 m을 구하는 문제가 된다.

$2y^2+x^2=2$는 타원이고, $4y+x^2=k$ (단, k는 실수이다.)는 이차함수가 된다.

이 이차함수를 $y=-\frac{1}{4}x^2+\frac{k}{4}$로 정리하여 그래프를 그리면 다음과 같다.

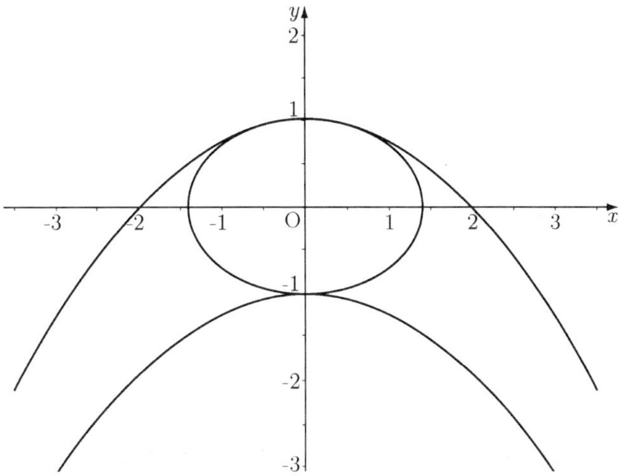

최댓값과 최솟값이 존재하기 위해선 두 그래프가 만나야 하므로, $\frac{k}{4}$의 범위는 $-1\le\frac{k}{4}\le 1$이다. 즉, $-4\le k\le 4$이다. 따라서 $M-m=4-4=0$이다.

풀이 6-1	매개변수를 이용함.
덧붙여	단위원에서 흔히 사용하는 매개변수 식을 변형하여, 주어진 타원식도 θ에 대한 매개변수 식으로 나타낼 수 있다. 또한, 포물선 식도 매개변수를 이용하여 표현함으로써 삼각함수의 최댓값과 최솟값을 구하는 문제로 변형하여 해결할 수 있다.

❙ 핵심 개념 매개변수로 나타내어진 함수

두 변수 x, y 사이의 관계가 변수 t를 매개로 하여

$$x=f(t),\ y=g(t) \ \cdots\cdots \ ①$$

의 꼴로 표현될 때 변수 t를 매개변수라 하고, ①을 매개변수로 나타내어진 함수라고 한다.

예제 두 변수 x, y가 t의 함수 $x=2t-1$, $y=4t^2-4t$로 나타내어진다고 하자. $t=\dfrac{x+1}{2}$이므로 이것을 $y=4t^2-4t$에 대입하여 정리하면 $y=x^2-1$과 같이 x의 함수로 변형할 수 있다.

$2x^2+y^2=2$를 정리하면 $x^2+\left(\dfrac{y}{\sqrt{2}}\right)^2=1$이 된다. 여기서, $x=\cos\theta$, $y=\sqrt{2}\sin\theta$ (단, $0\le\theta\le 2\pi$)로 치환하자. 이때, $4x+y^2$을 θ에 대한 함수 $f(\theta)$로 나타내면,

$$f(\theta)=2\sin^2\theta+4\cos\theta=2(-\cos^2\theta+2\cos\theta+1)=-2(\cos\theta-1)^2+4$$

이 된다. 그리고, $-1\le\cos\theta\le 1$이므로 $f(\theta)$는 $\cos\theta=1$일 때 최댓값 4를 갖고, $\cos\theta=-1$일 때 최솟값 -4를 갖는다. 따라서 $M+m=0$이다.

❙ 풀이 6-2 매개변수와 미분법을 이용함.

❙ 덧붙여 풀이 6-1과 매개변수를 이용하였다는 점에서 비슷한 풀이이나, 매개변수로 나타내어진 함수의 미분법을 활용하여 문제를 해결할 수 있다.

❙ 핵심 개념 매개변수로 나타내어진 함수의 미분법

두 함수 $x=f(t)$, $y=g(t)$에 대하여 미분가능하고 $f'(t)\neq 0$이면

$$\frac{dy}{dx}=\frac{\frac{dy}{dt}}{\frac{dx}{dt}}=\frac{g'(t)}{f'(t)}$$

예제 매개변수로 나타내어진 함수 $x=3t-5$, $y=t^2-3t$에서 $\frac{dy}{dx}$를 t의 식으로 나타내어라.

풀이 $\frac{dx}{dt}=3$, $\frac{dy}{dt}=2t-3$이므로 $\frac{dy}{dx}=\frac{\frac{dy}{dt}}{\frac{dx}{dt}}=\frac{2t-3}{3}$

풀이 6-1에서 구한 $f(\theta)=2\sin^2\theta+4\cos\theta$를 θ에 대하여 미분하면

$$f'(\theta)=4\sin\theta\cos\theta-4\sin\theta=4\sin\theta(\cos\theta-1)$$

이다. 증감표를 나타내면,

θ	0		π		2π
$f'(\theta)$	0	$-$	0	$+$	0
$f(\theta)$	4	↘	-4	↗	0

$f(\theta)$는 $\theta=0$에서 최댓값을 갖고, $\theta=\pi$에서 최솟값을 갖게 됨을 알 수 있다.

따라서, $M+m=0$이 된다.

❙ 풀이 7 코시-슈바르츠 부등식(Cauchy-Schwarz Inequality)을 이용함.

❙ 덧붙여 제곱식과 일차식이 포함된 코시-슈바르츠 부등식을 이용하여 주어진 식의 최댓값과 최솟값을 구할 수 있다.

| 핵심 개념 코시-슈바르츠 부등식(Cauchy-Schwarz Inequality)

네 실수 a, b, x, y에 대하여 $(a^2+b^2)(x^2+y^2) \geq (ax+by)^2$

(단, $\frac{a}{x}=\frac{b}{y}$ 일 때 등호성립)

주어진 문제는 $2x^2+y^2=2$를 만족할 때, $4x+y^2$의 최댓값과 최솟값을 구하는 것이다. $(4x+y^2)^2$을 주어진 조건을 이용하여 정리해 보면

$$(4x+y^2)^2=(2x+y^2+2x)^2$$

이다. 여기서 코시-슈바르츠 부등식(Cauchy-Schwarz Inequality)을 이용하면

$$(4x+y^2)^2=(2x+y^2+2x)^2 \leq \{(\sqrt{2}\,x)^2+y^2+(\sqrt{2})^2\}\{(\sqrt{2})^2+y^2+(\sqrt{2}\,x)^2\}$$

이다. $2x^2+y^2=2$이므로 위 부등식에 대입하면,

$$(4x+y^2)^2 \leq \{2+(\sqrt{2})^2\}\{(\sqrt{2})^2+2\}=16$$

이므로 $-4 \leq 4x+y^2 \leq 4$이다.

따라서 $M=4$, $m=-4$이므로 $M+m=0$이다.

| 풀이 8 벡터의 내적을 이용함.

| 덧붙여 두 벡터의 내적을 함수로 보았을 때, 벡터들이 독립변수이고, 종속변수는 실수이다. 따라서 주어진 식을 벡터로 해석하여 문제를 해결할 수 있다.

$4x+y^2$을 내적으로 표현하면 $4x+y^2=(4, y)\cdot(x, y)$이 된다.

이때 점 (x, y)는 이차곡선 $2x^2+y^2=2$, 즉 타원 $x^2+\frac{y^2}{(\sqrt{2})^2}=1$위의 점이다.

그러므로 $4x+y^2$의 최댓값, 최솟값은 두 위치벡터 (x, y)와 $(4, y)$의 내적이 최대일 때와 최소일 때와 같다. 두 실수 x, y이므로, x의 범위는 $-1 \le x \le 1$이다.

$\vec{u}=(x, y)$, $\vec{v}=(4, y)$라고 하면, 두 벡터의 y성분이 같다.

두 힘의 내적, 즉 두 힘의 협력 효과가 최대, 최소 일 때는 $\overrightarrow{A}$ 의 x성분 ($\vec{a}$ 라 하자) 과 $\overrightarrow{B}$의 x성분($\vec{b}$라 하자)의 협력 효과가 최대, 최소일 때이므로 $\vec{a}$와 $\vec{b}$의 사잇각이 각각 $0°$, $180°$ 일 때이다.

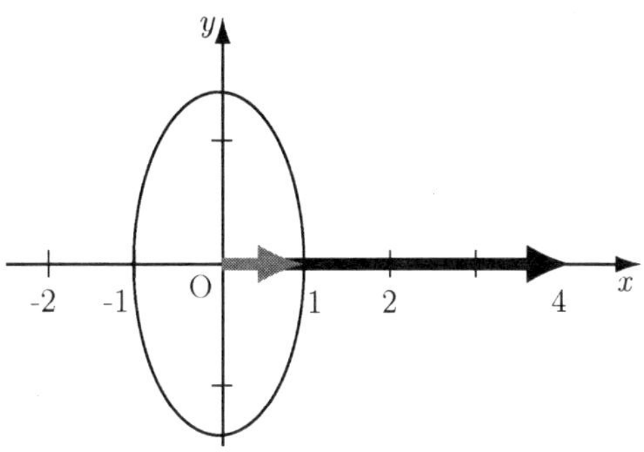

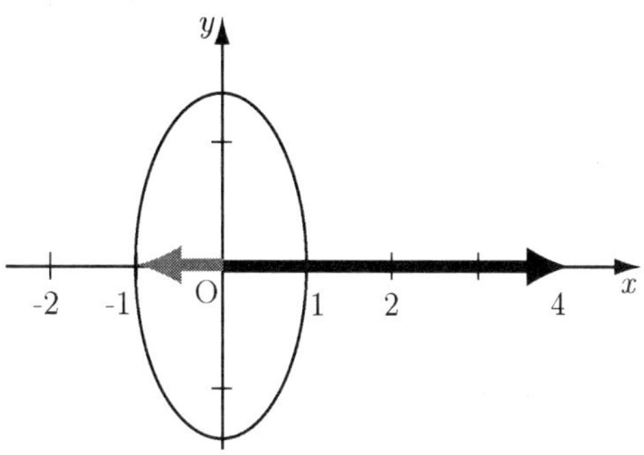

즉, 최대값(사잇각이 $0°$ 일 때)은 $1\times4\times\cos 0° = 4$이고 최솟값(사잇각이 $180°$ 일 때)은 $1\times4\times\cos 180° = -4$이다.

▎풀이 9	라그랑주 승수법(배수법)을 이용함.
▎덧붙여	제약조건을 갖는 함수의 극값을 구하는 방법인 라그랑주 승수법(배수법)을 이용한 풀이 방법이 있는데, 이는 이변수 함수의 두 변수가 제약조건을 만족할 때, 그 함수의 극댓값과 극솟값을 구하는 방법이다. 라그랑주 승수법(배수법)을 이용하여 문제를 해결할 수 있다.

▎핵심 개념　라그랑주 승수법(배수법)

제약조건을 갖는 함수의 극값을 구하는 방법을 "라그랑주의 승수법(배수법)"이라고 한다.

함수 $z=f(x,y)$의 두 변수 x, y가 제약조건 $g(x,y)=0$을 만족할 때, 점 (x_0, y_0)에서 함수 $z=f(x,y)$가 극댓값 또는 극솟값을 갖는다면 적당한 실수 λ(라그랑주 승수)가 존재하여 $x=x_0$, $y=y_0$은 연립방정식

$$\begin{cases} \nabla f(x,y)+\lambda\nabla g(x,y)=0 \\ g(x,y)=0 \end{cases}$$

의 해이다. 여기서 $f(x,y)$와 $g(x,y)$는 모두 연속인 편도함수를 갖는다고 가정한다.

제약조건 $g(x,y)=2x^2+y^2-2=0$을 만족하는 두 변수 x, y에 대하여 함수 $f(x,y)=4x+y^2$의 최댓값과 최솟값을 구하기 위해선, 극값을 먼저 구해야 한다.

점 (x, y)가 극점이 되려면, 두 변수 x, y는 다음 연립방정식의 해가 되어야 한다.

$$\begin{cases} \nabla f(x,y)+\lambda\nabla g(x,y)=0 \cdots ⓐ \\ g(x,y)=0 \cdots ⓑ \end{cases}$$

ⓐ에서 $\nabla f(x,y)+\lambda\nabla g(x,y)=0$이므로

$$\nabla f(x,y)=4+4\lambda x=0 \cdots ㉠$$

$$\nabla g(x,y)=2y+2\lambda y=0 \cdots ㉡$$

ⓑ에서 $g(x,y)=0$이므로

$$2x^2+y^2-2=0 \cdots ㉢$$

㉡에서 $(\lambda+1)y=0$이므로 $y=0$ 또는 $\lambda=-1$이다.

(1) $y=0$ 일 때,

㉢에서 $2x^2-2=0$이므로 $x=1$ 또는 $x=-1$이다.

즉, $f(-1,0)=-4$ 또는 $f(1,0)=4$이다.

(2) $\lambda=-1$일 때,

㉡에서 $4-4x=0$ 이므로 $x=1$이다. 즉, $f(1,0)=4$이다.

따라서, $M=4$, $m=-4$이므로 $M+m=0$이다.

다풀이 (7)

벡터의 연산 내용은 서술형 평가에서도 학생들의 답안 반응의 폭이 커서, 인정답안(유사답안)을 많이 볼 수 있다. 서술형 평가에서는 답안 작성 시 유의사항으로 '벡터의 연산을 이용하여 풀이를 작성하시오.'와 같은 조건을 제시하지만, 실제 수업시간이나 문제해결력을 기르는 목적이라면 벡터의 크기와 방향이라는 두 관점에서 다양한 풀이가 제시될 수 있다.

다풀이 [7]의 풀이들은 2009 개정 교육과정을 기준으로 할 때, 수학 Ⅰ 과목의 도형의 방정식 영역, 기하와 벡터 과목의 평면 벡터 영역의 내용을 이용한 것이었으며, 중학교 과정의 내용의 삼각형의 중점연결 정리, 평행사변형의 성질, 삼각형의 넓이를 이용한 풀이였다.

중학교 과정	수학 Ⅰ	
내용	영역	내용
• 삼각형의 중점연결 정리 • 평행사변형의 성질 • 삼각형의 넓이	도형의 방정식	• 평면좌표 • 직선의 방정식

기하와 벡터	
영역	내용
평면 벡터	• 벡터의 연산 • 평면벡터의 성분과 내적

문제

그림과 같이 $\overline{AB}=\overline{DC}$이고 $\overline{AD} /\!/ \overline{BC}$인 사다리꼴 ABCD에서 선분 AB, 선분 BC, 선분 CD, 선분 DA의 중점을 각각 E, F, G, H라고 할 때, $\overline{EH} /\!/ \overline{FG}$이고 $\overline{EH}=\overline{FG}$임을 보이시오.

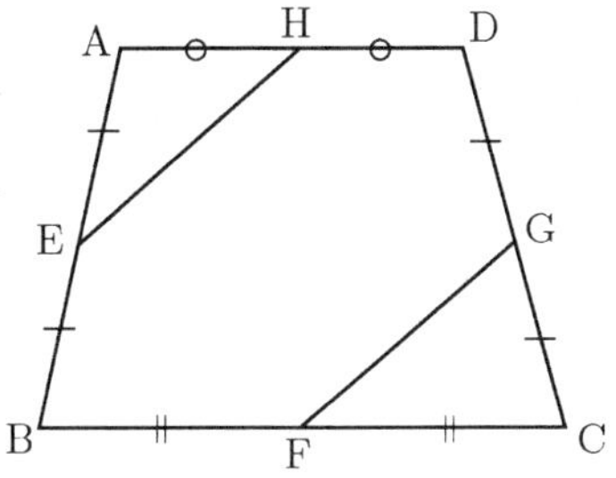

▍풀이 1 보조선을 이용함.

▍덧붙여 사다리꼴 대각선을 보조선으로 추가하여, 삼각형에서 중점연결 정리를 적용하여 문제를 해결할 수 있다.

▍핵심 개념 삼각형의 중점연결 정리

삼각형 ABC의 두 변의 중점을 연결한 선분은 나머지 변과 평행하고 그 길이는 나머지 변의 길이의 $\frac{1}{2}$이다. 즉, 삼각형 ABC에서 점 M, N이 각각 선분 AB, AC의 중점이면, $\overline{MN} /\!/ \overline{BC}$, $\overline{MN}=\frac{\overline{BC}}{2}$이다.

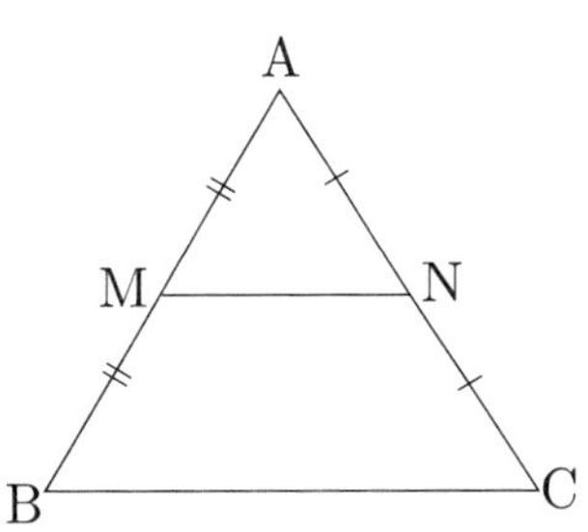

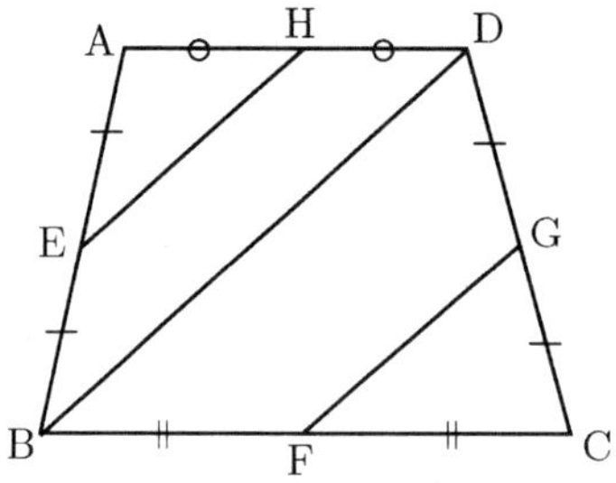

사다리꼴 ABCD에서 대각선 $\overline{BD}$를 보조선으로 그으면, △ABD와 △BCD가 만들어진다. 여기서 점 E는 $\overline{AB}$의 중점이고, 점 H는 $\overline{AD}$의 중점이다. 또한, 점 G와 F는 각각 $\overline{CD}$, $\overline{BC}$의 중점이므로, 두 삼각형 △ABD, △BCD에서 중점연결 정리에 의해 $\overline{EH} /\!/ \overline{BD}$이고, $\overline{BD} /\!/ \overline{FG}$이다. 또한, $2\overline{EH}=\overline{BD}$이고, $2\overline{FG}=\overline{BD}$이므로, $\overline{EH}=\overline{FG}$, $\overline{EH} /\!/ \overline{FG}$이다.

다른풀이: 풀이의 마지막을 살펴보면, 두 삼각형 △ABD, △BCD에서 두 대각선 $\overline{AC}$, $\overline{BD}$의 길이가 같으므로 $\overline{AC}=\overline{BD}$이다. 결국, $\overline{EF}=\overline{FG}=\overline{GH}=\overline{HE}$이므로, 사각형 EFGH는 네 변의 길이가 같은 마름모이다. 마름모는 네 변의 길이가 같으면 마주보는 대변이 각각 평행하므로, $\overline{EH}=\overline{FG}$, $\overline{EH} /\!/ \overline{FG}$이다.

풀이 2	보조선을 이용함.
덧붙여	보조선을 이용하여 평행사변형을 만들고 그 평행사변형이 합동인 두 삼각형으로 이루어진 마름모임을 보임으로써 문제를 해결할 수 있다.

점 F에서 $\overline{AH}$만큼 떨어진 지점을 점 I라 하자. 두 점 I와 G를 지나는 직선이 $\overline{AD}$의 연장선과 만나는 점을 J라 하자. 그러면, 사각형 ABIJ는 평행사변형이다.

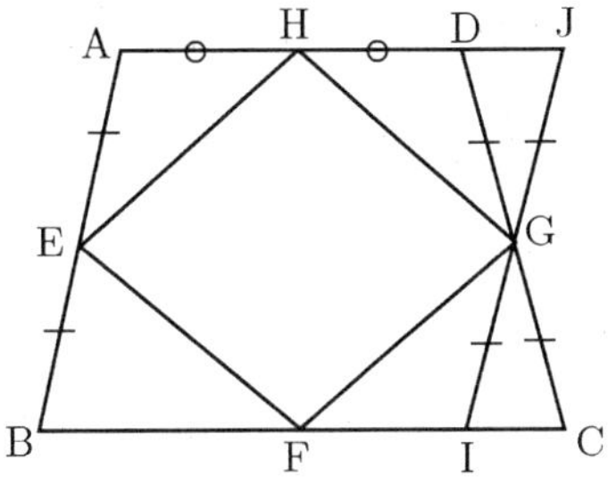

두 이등변삼각형 DGI, GIC에서 각각 $\overline{AE}=\overline{CG}=\overline{IG}$…①, $\overline{EB}=\overline{GJ}=\overline{GD}$…②이다. 평행사변형 ABIJ에서 두 대각 ∠EAH, ∠GIF의 크기가 같고(∠EAH= ∠GIF…③), 두 대각 ∠EAH, ∠GIF의 크기가 같다(∠EAH= ∠GIF…④).

①과③에 의하여 △AEH ≡ △GIF(SAS 합동)이고, ②와④에 의하여 △EBF ≡ △GDH(SAS 합동)이다. 또한, △AEH ≡ △DGH(SAS 합동), △EBF ≡ △GCP(SAS 합동)이므로, 사각형 EFGH는 마름모이다. 따라서, $\overline{EH}=\overline{FG}$이고, $\overline{EH}$ ∥ $\overline{FG}$이다.

풀이 3	마름모를 이용함.
덧붙여	보조선을 추가하고 등변사다리꼴 각 변들의 중점들을 연결하여 마름모를 정의하고, 마름모의 성질을 이용하여 해결할 수 있다.

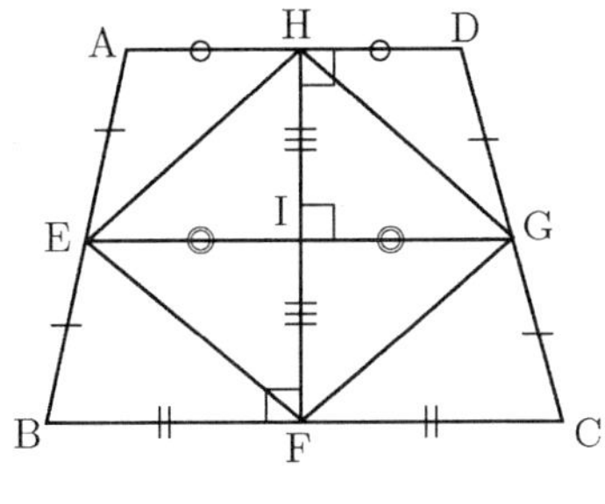

등변사다리꼴 ABCD에서 두 점 H, F를 이어 선분 $\overline{\mathrm{HF}}$를 긋고, 두 점 E, G를 이어 선분 $\overline{\mathrm{EG}}$를 그으면, 선분 $\overline{\mathrm{HF}}$는 $\overline{\mathrm{AD}}$와 $\overline{\mathrm{BC}}$의 수직 이등분선이 된다. 또한, $\overline{\mathrm{AE}}=\overline{\mathrm{EB}}$이고 $\overline{\mathrm{DG}}=\overline{\mathrm{GC}}$이므로, $\overline{\mathrm{EG}}=\frac{1}{2}(\overline{\mathrm{AD}}+\overline{\mathrm{BC}})$이다. 닮음의 성질에 의해 $\overline{\mathrm{HF}}$와 수직이등분선이 된다. 이때, $\overline{\mathrm{EG}}$와 $\overline{\mathrm{HF}}$의 교점을 I라 하면, $\overline{\mathrm{EG}}\perp\overline{\mathrm{HF}}$이고, $\overline{\mathrm{EI}}=\overline{\mathrm{GI}}$, $\overline{\mathrm{HI}}=\overline{\mathrm{FI}}$이므로, 사각형 EFGH는 마름모이다. 마름모의 성질에 의해, $\overline{\mathrm{EH}}\mathbin{/\!/}\overline{\mathrm{FG}}$이고, $\overline{\mathrm{EH}}=\overline{\mathrm{FG}}$이다.

풀이 4	좌표평면을 도입하여 해결함.
덧붙여	좌표평면을 도입하여, 두 점 사이의 거리공식과 직선의 기울기를 이용하여 해결할 수 있다.

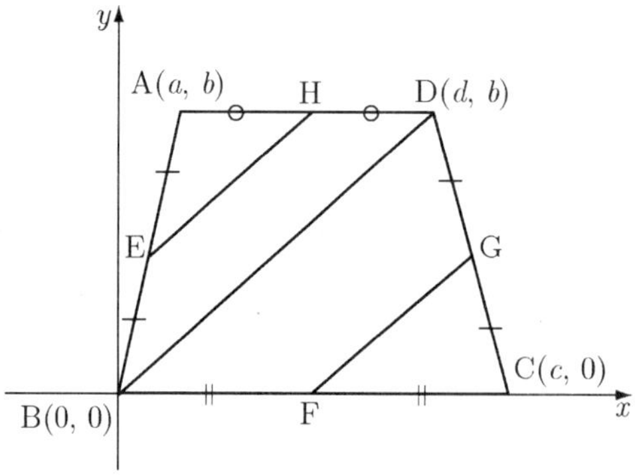

사다리꼴 ABCD에서 점 B를 원점으로 하여 좌표평면을 도입하여 $\mathrm{A}(a,\ b)$, $\mathrm{B}(0,\ 0)$, $\mathrm{C}(c,\ 0)$, $\mathrm{D}(d,\ b)$라 하면, $\mathrm{E}\left(\frac{a}{2},\frac{b}{2}\right)$, $\mathrm{F}\left(\frac{c}{2},0\right)$, $\mathrm{G}\left(\frac{c+d}{2},\frac{b}{2}\right)$, $\mathrm{H}\left(\frac{a+d}{2},b\right)$이다.

$$\overline{\mathrm{EH}}=\sqrt{\left(\frac{a+d}{2}-\frac{a}{2}\right)^2+\left(b-\frac{b}{2}\right)^2}=\sqrt{\left(\frac{d}{2}\right)^2+\left(\frac{b}{2}\right)^2}=\frac{\sqrt{b^2+d^2}}{2}$$

이고

$$\overline{\mathrm{FG}}=\sqrt{\left(\frac{c+d}{2}-\frac{c}{2}\right)^2+\left(\frac{b}{2}-0\right)^2}=\sqrt{\left(\frac{d}{2}\right)^2+\left(\frac{b}{2}\right)^2}=\frac{\sqrt{b^2+d^2}}{2}$$

이므로, $\overline{\mathrm{EH}}=\overline{\mathrm{FG}}$이다.

여기서, 두 점 E, H를 지나는 직선의 기울기$=\dfrac{b-\dfrac{b}{2}}{\dfrac{a+d}{2}-\dfrac{a}{2}}=\dfrac{\dfrac{b}{2}}{\dfrac{d}{2}}=\dfrac{b}{d}$이고, 두 점 F, G를 지나는 직선의 기울기$=\dfrac{\dfrac{b}{2}-0}{\dfrac{c+d}{2}-\dfrac{c}{2}}=\dfrac{\dfrac{b}{2}}{\dfrac{d}{2}}=\dfrac{b}{d}$이므로, $\overline{\mathrm{EH}}\,/\!/\,\overline{\mathrm{FG}}$이다.

풀이 5	벡터의 연산을 이용함.
덧붙여	특정한 두 벡터를 정하여, 다른 벡터를 이 두 벡터로 표현한 후, 벡터의 연산을 이용하여 문제를 해결할 수 있다.

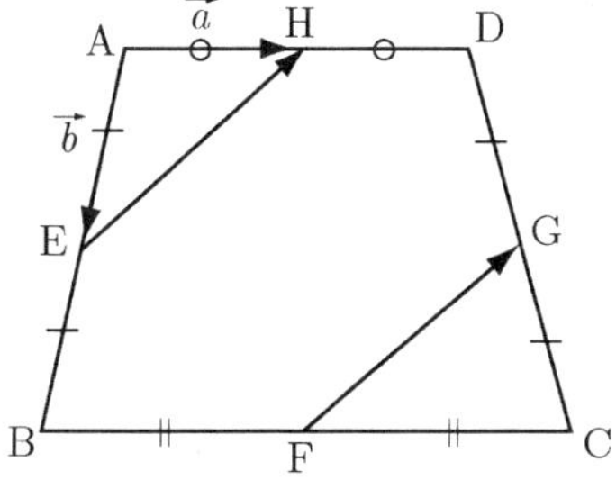

$\overrightarrow{\mathrm{AH}}=\vec{a}$, $\overrightarrow{\mathrm{AE}}=\vec{b}$라 하면, $\overrightarrow{\mathrm{EH}}$, $\overrightarrow{\mathrm{FG}}$를 $\vec{a}$, $\vec{b}$로 나타내보자. $\overrightarrow{\mathrm{EH}}=\vec{a}-\vec{b}$이고

$$\overrightarrow{FG}=\overrightarrow{FB}+\overrightarrow{BA}+\overrightarrow{AD}+\overrightarrow{DG}=\frac{1}{2}\overrightarrow{CB}+\overrightarrow{BA}+\overrightarrow{AD}+\frac{1}{2}\overrightarrow{DC}$$

$$=\left(\overrightarrow{BA}+\overrightarrow{AD}\right)+\frac{1}{2}\left(\overrightarrow{DC}+\overrightarrow{CB}\right)=\overrightarrow{BD}+\frac{1}{2}\overrightarrow{DB}$$

$$=\overrightarrow{BD}-\frac{1}{2}\overrightarrow{BD}=\frac{1}{2}\overrightarrow{BD}=\frac{1}{2}(2\vec{a}-2\vec{b})=\vec{a}-\vec{b}=\overrightarrow{EH}$$

이다.

즉, $\overrightarrow{EH}=\overrightarrow{FG}$이므로 $\overline{EH}=\overline{FG}$, $\overline{EH}\,/\!\!/\,\overline{FG}$이다.

풀이 6	좌표평면을 도입하여 벡터의 연산을 이용함.
덧붙여	좌표평면 위의 점의 좌표를 통해서 벡터의 성분을 표현하고, 벡터의 연산을 이용하여 문제를 해결할 수 있다.

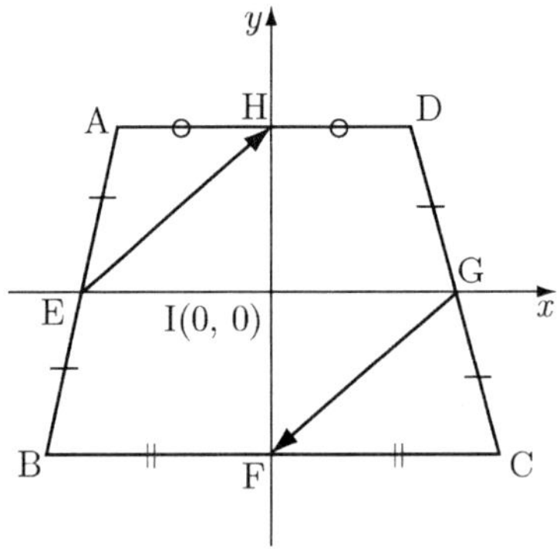

두 벡터 $\overrightarrow{EH}$와 $\overrightarrow{GF}$를 생각하자. 또한, $\overline{HF}$의 중점 I가 원점인 좌표평면을 그린다. 그러면, 두 점 H와 F의 y좌표 각각은 부호가 반대이고, 절댓값이 같다.

이제, $\overrightarrow{EH}+\overrightarrow{GF}=\vec{O}$이라면, $\overline{EH}=\overline{FG}$이고, $\overline{EH}\,/\!\!/\,\overline{FG}$이 성립한다. 따라서 $\overrightarrow{EH}+\overrightarrow{GF}=\vec{O}$임을 보이자.

벡터 $\overrightarrow{GF}$와 평행한 벡터 $\overrightarrow{EH}$의 시점 E를 벡터 $\overrightarrow{GF}$의 시점 G와 일치하도록, 벡터 $\overrightarrow{EH}$를 평행이동한다. 두 사각형 ABFH와 DCFH는 네 변의 길이가 같으므로 합동이다. 따라서 두 점 E와 G의 x좌표 각각은 부호가 반대이고, 절댓값이 같다. $\overrightarrow{EH}$를 평행이동시키면, 벡터의 성분을 고려하면, $\overrightarrow{EH}+\overrightarrow{GF}=\overrightarrow{O}$이다. 따라서 $\overline{EH}=\overline{FG}$이고, $\overline{EH} /\!/ \overline{FG}$이다.

다풀이 (8)

각 꼭짓점의 좌표가 주어진 도형이 주어진 문제는 두 점 사이의 거리 공식을 이용하여 해결하거나, 두 점이 이루는 기울기를 이용하거나, 같은 길이의 변을 반지름으로 하여 원을 작도하거나, 사선식을 이용한 삼각형의 넓이 공식을 이용하여 도형의 넓이를 구하거나, 좌표를 벡터의 성분으로 하여 벡터의 연산을 적용하여 해결할 수 있다.

다풀이 [8]의 풀이들은 2009 개정 교육과정을 기준으로 할 때, 수학 I 과목의 도형의 방정식 영역, 기하와 벡터 과목의 평면 벡터 영역의 내용을 이용한 것이었으며, 중학교 과정의 내용과 교육과정 외의 사선식을 이용한 삼각형의 넓이 공식, 코사인 제2법칙을 이용한 풀이였다.

중학교 과정	수학 I	
내용	영역	내용
• 마름모의 정의, 성질 • 각의 이등분선의 정리 • 삼각형의 넓이	도형의 방정식	• 평면좌표 • 직선의 방정식

기하와 벡터		교육과정 외
영역	내용	내용
평면 벡터	• 벡터의 연산 • 평면벡터의 성분과 내적	• 사선식을 이용한 삼각형의 넓이 공식 • 코사인 제2법칙

문제

네 점 A$(a,1)$, B$(3,5)$, C$(7,3)$, D$(b,-1)$을 꼭짓점으로 하는 사각형 ABCD가 마름모일 때, a, b의 값을 각각 구하여라.

풀이 1	마름모의 정의를 이용함.
덧붙여	마름모는 네 변의 길이가 모두 같은 평행사변형임을 이용하여 해결할 수 있다.

사각형 ABCD가 마름모이므로 네 변의 길이는 모두 같다.

즉, $\overline{AB}=\overline{BC}=\overline{CD}=\overline{DA}$이다.

$$\overline{AB}=\sqrt{(a-3)^2+(1-5)^2}=\sqrt{(a-3)^2+16}$$
$$\overline{BC}=\sqrt{(3-7)^2+(5-3)^2}=2\sqrt{5}$$
$$\overline{CD}=\sqrt{(7-b)^2+(3-(-1)^2}=\sqrt{(7-b)^2+16}$$
$$\overline{DA}=\sqrt{(b-a)^2+(-1-1)^2}=\sqrt{(b-a)^2+4}$$

이때, $\overline{AB}=\overline{BC}=\overline{CD}=\overline{DA}$이면 $\overline{AB}^2=\overline{BC}^2$이므로 $(a-3)^2+16=20$이다.

$\therefore\ a=5$ 또는 $a=1$

$\overline{CD}^2=\overline{BC}^2$이므로 $(7-b)^2+16=20$이다.

$\therefore\ b=5$ 또는 $b=9$

이때, $\overline{DA}^2=\overline{BC}^2$이므로 $(b-a)^2+4=20$이므로 $b=5$일 때 $a=1$이고, $b=9$일 때 $a=5$이다.

풀이 2	마름모의 정의를 이용함.
덧붙여	마름모의 변(또는 대각선)이 될 수 있는 경우를 고려하여 해결할 수 있다.

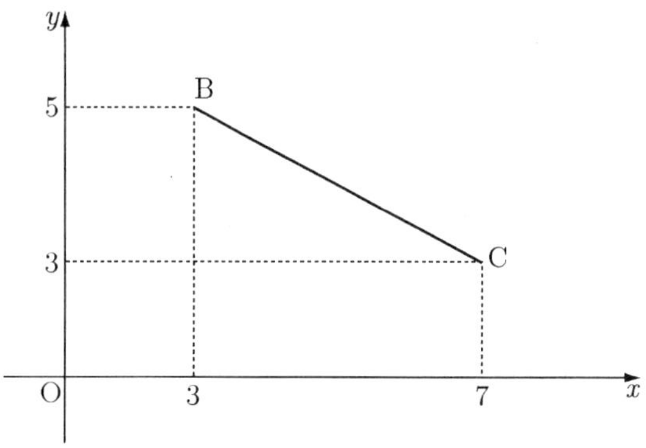

i) $\overline{BC}$가 마름모의 대각선일 경우:

$\overline{BC}$가 대각선이 되면, $\overline{AD}$도 대각선이 되는데, $\overline{BC}$와 $\overline{AD}$가 만날 수 없으므로, $\overline{BC}$는 대각선이 될 수 없다.

ii) $\overline{BC}$가 한 변일 때, $\overline{BD}$도 한 변일 경우:

$\overline{BC}=2\sqrt{5}$ 이므로 $\overline{BD}$의 거리는 $\overline{BC}=2\sqrt{5}$ 보다 크다. 따라서 $\overline{BC}$가 한 변일 때, $\overline{BD}$는 마름모의 한 변일 수 없다.

iii) $\overline{BC}$가 한 변일 때, $\overline{BA}$도 한 변일 경우:

$\overline{BC}=2\sqrt{5}=\overline{BA}$ 이므로 $\sqrt{(3-a)^2+4^2}=\sqrt{20}$ 이다. $\therefore a=1, 5$

① $a=1$일 때,

$A(1,1), D(b,-1)$ 사이의 거리: $\sqrt{(b-1)^2+4}=\sqrt{20}$

$C(7,3), D(b,-1)$사이의 거리: $\sqrt{(7-b)^2+4^2}=\sqrt{20}$

따라서 $a=1, b=5$이다.

② $a=5$일 때,

$A(5,1), D(b,-1)$ 사이의 거리: $\sqrt{(b-5)^2+4}=\sqrt{20}$

$C(7,3), D(b,-1)$사이의 거리: $\sqrt{(7-b)^2+4^2}=\sqrt{20}$

따라서 $a=5, b=9$이다.

풀이 3	마름모의 성질을 이용함.
덧붙여	마름모의 두 대각선은 서로 수직이등분함을 이용하여 해결할 수 있다.

마름모 ABCD에서 $\overline{\mathrm{AC}}=\left(\dfrac{a+7}{2}, 2\right)$, $\overline{\mathrm{BD}}=\left(\dfrac{3+b}{2}, 2\right)$는 두 대각선의 중점이고 이 중점은 서로 같아야 한다. 즉, $\dfrac{a+7}{2}=\dfrac{3+b}{2}$이므로 $a=b-4\cdots①$이다.

또한 두 대각선은 서로 수직으로 만나므로 두 대각선을 포함하는 두 직선의 기울기의 곱은 -1이다. 즉, $\dfrac{-2}{a-7}\times\dfrac{6}{3-b}=-1\cdots②$이다.

식 ①를 식 ②에 대입하면 $(b-11)(3-b)=12$, $b^2-14b+45=0$이다.

즉, $b=5$또는 $b=9$이다.

따라서, $b=5$이면 $a=1$이다. 또한, $b=9$이면 $a=5$이다.

풀이 4	마름모의 성질을 이용함.
덧붙여	마름모는 네 변의 길이가 같고 마주보는 두 변은 평행함을 이용하여 해결할 수 있다.

i) 변 AB와 CD는 평행하므로, 두 점 A, B를 지나는 직선의 기울기는 $\dfrac{1-5}{a-3}=\dfrac{-4}{a-3}$ 이고, 두 점 C, D를 지나는 직선의 기울기는 $\dfrac{4}{7-b}$이다. $\dfrac{-4}{a-3}=\dfrac{4}{7-b}$이므로 $a-b=-4\cdots①$이다.

ii) $\overline{\mathrm{BC}}=\overline{\mathrm{CD}}$이고 $\overline{\mathrm{BC}}=\sqrt{20}$, $\overline{\mathrm{CD}}=\sqrt{(b-7)^2+(-4)^2}$이므로, $20=(b-7)^2+16$ 이다. $\therefore b=5$ 또는 9

따라서, ①에서 $b=5$일 때, $a=1$이고, $b=9$일 때, $a=5$이다.

❙ 풀이 5	두 원을 이용하여 마름모를 작도함.
❙ 덧붙여	마름모는 네 변의 길이가 같은 사각형이므로, 한 변을 원의 반지름으로 하여 해결할 수 있다.

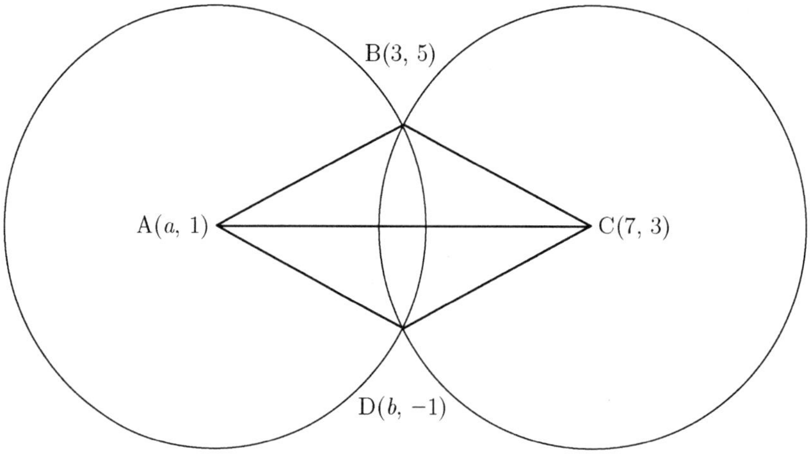

사각형 ABCD가 마름모이므로, 점 A를 중심으로 하고 선분 $\overline{AB}$를 반지름으로 하는 원과 점 C를 중심으로 하고 선분 $\overline{BC}$를 반지름으로 하는 원의 교점이 두 점 B, D이다. 두 점 B, D를 (x,y)라 할 때, 다음과 같이 두 원의 방정식을 구할 수 있다.

$$(x-a)^2+(y-1)^2=20,\ (x-7)^2+(y-3)^2=20$$

이다. 위 식에서 점 B(3, 5)를 대입하면 $a=1$또는 $a=5$이다. 그리고 두 원이 $D(b,\ -1)$을 지나므로 $a=1$일 때, $b=5$ 이고 $a=5$일 때 $b=9$이다.

❙ 풀이 6	사선식을 이용한 삼각형 넓이 공식을 이용함.
❙ 덧붙여	마름모는 합동인 두 삼각형으로 분할할 수 있다. 좌표평면에서의 세 점을 꼭짓점으로 하는 삼각형의 넓이 구하는 공식을 이용하여 해결하였다.

마름모 ABCD를 두 개의 △ABC와 △ADC로 나누면 두 삼각형은 서로 합동이 됨을 알 수 있다. 또한, 세 점 $A(x_1, y_1)$, $B(x_2, y_2)$, $C(x_3, y_3)$을 꼭짓점으로 하는 △ABC의 넓이는

$$\frac{1}{2}|(x_1y_2+x_2y_3+x_3y_1)-(x_2y_1+x_3y_2+x_1y_3)|$$

이므로, 이를 활용하면

$$\triangle ABC=\frac{1}{2}|5a+9+7-3a-35-3|=|a-11|=|-a+11|$$

$$\triangle ADC=\frac{1}{2}|-a+3b+7-3a+7-b|=|-2a+b+7|$$

그러므로, $-a+11=-2a+b+7$, $a-b=-4$ 또는

$$a-11=-2a+b+7,\ 3a-b=18$$

이다.

또한, $\overline{AB}^2=\overline{BC}^2$이므로 $(a-3)^2+16=20$이다. 즉, $a=5$ 또는 $a=1$이고 $\overline{CD}^2=\overline{BC}^2$에서 $(7-b)^2+16=20$이므로, $b=5$ 또는 $b=9$이다. 이를 동시에 만족하는 a와 b의 값을 찾으면 $a=1$일 때 $b=5$ 이고, $a=5$일 때 $b=9$이다.

❙ 풀이 7	코사인 제 2법칙을 이용함.
❙ 덧붙여	마름모의 두 이웃하는 각의 크기는 180도가 된다. 코사인 제 2법칙을 이용하여 마름모의 성질과 정의를 이용하여 문제를 해결할 수 있다.

코사인 제 2법칙을 이용하면

$$\overline{AC}^2=\overline{AB}^2+\overline{BC}^2-2\overline{AB}\cdot\overline{BC}\cdot\cos B,$$

$$\overline{BD}^2=\overline{BC}^2+\overline{CA}^2-2\overline{BC}\cdot\overline{CA}\cdot\cos C$$

이다. 또한 $\angle B + \angle C = \pi$이고 $\cos(\pi - A) = -\cos A$ 이므로 $\cos B = -\cos C$이다. 따라서,

$$\cos C = \frac{\overline{AC}^2 - \overline{AB}^2 - \overline{BC}^2}{2\overline{AB}\cdot\overline{BC}},\ \cos C = \frac{\overline{BC}^2 + \overline{CD}^2 - \overline{BD}^2}{2\overline{BC}\cdot\overline{CD}}\ \cdots ①$$

이다. 마름모의 정의에 의해, $\overline{AB} = \overline{CD}$ 이므로 양변에 $2\overline{BC}$를 곱하면,

$$2 \cdot \overline{AB} \cdot \overline{BC} = 2 \cdot \overline{BC} \cdot \overline{CD}$$

이다. 식 ①에서 분모가 같으므로 분자가 같다.

$$\overline{AC}^2 - \overline{AB}^2 - \overline{BC}^2 = \overline{BC}^2 + \overline{CD}^2 - \overline{BD}^2$$

이 성립한다. 네 점의 좌표 $A(a, 1)$, $B(3, 5)$, $C(7, 3)$, $D(b, -1)$ 대입하면,

$$(a-7)^2 + 2^2 - (a-3)^2 - 4^2 - 4^2 - 2^2 = 4^2 + 2^2 + (b-7)^2 + 4^2 - (b-3)^2 - 6^2,$$

$-8a + 8 = 40 - 8b$, $a - b = -4\ \cdots ②$이다.

또한, 마름모의 네 변의 길이가 모두 같으므로, $\overline{AB}^2 = \overline{BC}^2$이다. 즉,

$$(a-3)^2 + 4^2 = 4^2 + 2^2$$

이므로, $a = 1$ 또는 5이다. 이를 식 ②에 대입하면, $a = 1$일 때 $b = 5$ 이고, $a = 5$일 때 $b = 9$이다.

풀이 8	벡터의 평행과 수직을 이용함.
덧붙여	각 점의 좌표가 있으므로, 벡터의 성분을 구할 수 있다. 또한 두 벡터가 수직일 때, 벡터의 내적이 0임을 이용하여 문제를 해결할 수 있다.

두 벡터 $\overrightarrow{AB}$와 $\overrightarrow{CD}$가 평행이므로, $\overrightarrow{AB} = t\overrightarrow{CD}$가 성립하고, 두 벡터가 크기가 같으므로 $t = 1$이다. $\overrightarrow{AB} = (3-a, 4) = \overrightarrow{CD} = (b-7, -4)$이므로 $a - b = -4\ \cdots ①$이다.

두 벡터 $\overrightarrow{\mathrm{AC}}$와 $\overrightarrow{\mathrm{BD}}$가 수직이므로

$$(a-7,-2)\cdot(b-3,-6)=(a-7)(b-3)+12=0\cdots②$$

위의 식 ①과 식 ②를 연립하면, $a=1$일 때 $b=5$ 이고, $a=5$일 때 $b=9$이다.

다풀이 (9)

도형에서 각과 모서리 사이를 연결하는 수학적 표현은 다양하게 존재할 수 있는데, 삼각비, 삼각함수의 다양한 공식, 외접원을 이용한 코사인 제2법칙 등이 가능하다.

다풀이 [9]의 풀이들은 2009 개정 교육과정을 기준으로 할 때, 수학 I 과목의 방정식과 부등식 영역, 미적분 II 과목의 삼각함수 영역의 내용을 이용한 것이었으며, 중학교 과정의 내용과 교육과정 외의 코사인 제2법칙, 배각의 공식을 이용한 풀이였다.

중학교 과정	수학 I	
내용	영역	내용
• 삼각비	방정식과 부등식	• 여러 가지 부등식

미적분 II		교육과정 외
영역	내용	내용
삼각함수	• 삼각함수의 뜻과 그래프	• 코사인 제2법칙 • 배각의 공식

문제

그림과 같이 폭이 1인 두 평행선 l_1, l_2가 있다. l_1위의 두 점 A, C과 l_2위의 점 B가 $\angle ABC = 90^\circ$을 만족시킨다. $\angle CAB = \theta$라 할 때, 다음 두 물음에 답하여라.

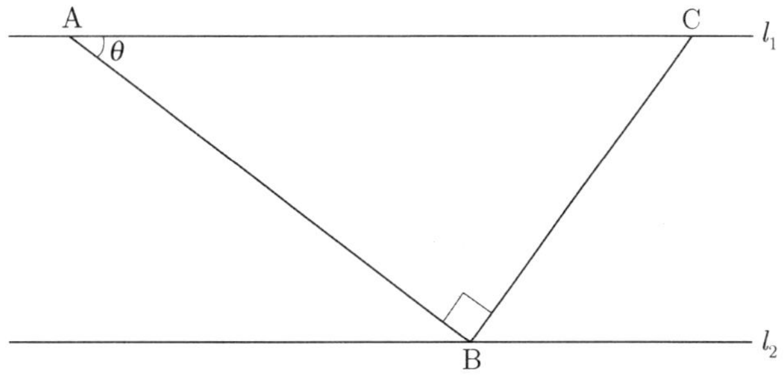

[물음 1] 삼각형 ABC의 둘레의 길이 l을 θ로 나타내시오.

[물음 2] l의 최솟값을 구하시오.

◆ [물음 1]에 대한 풀이 ◆

풀이 1-1	보조선과 삼각비를 이용함.
덧붙여	수선의 발을 이용하여 삼각비를 도입하고 식을 정리하여 해결할 수 있다.

그림과 같이 점 B 에서 선분 AC 에 수선을 그어 만나는 점을 점 H라고 하자.

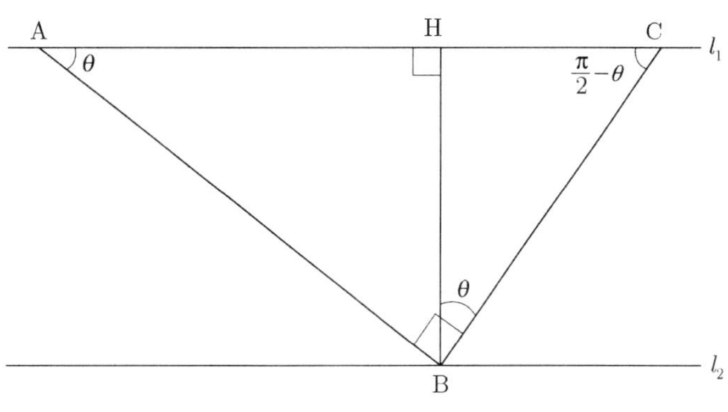

$\triangle$ABH에서 $\tan\theta = \dfrac{\overline{BH}}{\overline{AH}} = \dfrac{1}{\overline{AH}}$, $\sin\theta = \dfrac{\overline{BH}}{\overline{AB}} = \dfrac{1}{\overline{AB}}$이고, $\angle BCH = \dfrac{\pi}{2} - \theta$이므로 $\angle CBH = \theta$이다.

따라서, $\triangle$BCH에서 $\cot\theta = \dfrac{\overline{BH}}{\overline{CH}} = \dfrac{1}{\overline{CH}}$, $\cos\theta = \dfrac{\overline{BH}}{\overline{CB}} = \dfrac{1}{\overline{CB}}$이므로

삼각형 ABC의 둘레의 길이 l는

$$\begin{aligned} l &= \overline{AH} + \overline{CH} + \overline{CB} + \overline{AB} \\ &= \frac{1}{\tan\theta} + \frac{1}{\cot\theta} + \frac{1}{\cos\theta} + \frac{1}{\sin\theta} \\ &= \frac{\sin\theta + 1}{\cos\theta} + \frac{\cos\theta + 1}{\sin\theta} \end{aligned}$$

이다.

다른 풀이: 보조선을 그어 닮음비를 이용하여 삼각비를 찾았다.

$\triangle$ABC와 $\triangle$BHC는 $\angle ACB = \angle BCH$, $\angle H = \angle B = 90^\circ$ 이므로 AA닮음이다.

이러한 방법으로 $\triangle$ABC와 $\triangle$BHC도 AA닮음이다.

따라서 $\angle CBH = \theta$라 하면,

$$\overline{AB} = \frac{1}{\sin\theta},\ \overline{BC} = \frac{1}{\cos\theta},\ \overline{CH} = \tan\theta,\ \overline{AH} = \frac{1}{\tan\theta}$$

이다.

풀이 2-1	배각의 공식을 이용함.
덧붙여	직각삼각형 ABC에 외접하는 원을 이용하여 삼각비, 배각의 공식을 이용하여 해결할 수 있다.

❙ 핵심 개념 배각의 공식

(1) $\sin 2\alpha = 2\sin\alpha\cos\alpha$

(2) $\cos 2\alpha = \cos^2\alpha - \sin^2\alpha = 2\cos^2\alpha - 1 = 1 - 2\sin^2\alpha$

(3) $\tan 2\alpha = \dfrac{2\tan\alpha}{1-\tan^2\alpha}$

증명 삼각함수의 덧셈정리는 다음과 같다.

$$\sin(\alpha+\beta) = \sin\alpha\cos\beta + \cos\alpha\sin\beta$$

$$\cos(\alpha+\beta) = \cos\alpha\cos\beta - \sin\alpha\sin\beta$$

$$\tan(\alpha+\beta) = \frac{\tan\alpha+\tan\beta}{1-\tan\alpha\tan\beta}$$

위의 각 식에 β 대신에 α를 대입하여 정리하면 다음이 성립한다.

$$\sin 2\alpha = \sin\alpha\cos\alpha + \cos\alpha\sin\alpha = 2\sin\alpha\cos\alpha$$

$$\cos 2\alpha = \cos\alpha\cos\alpha - \sin\alpha\sin\alpha = \cos^2\alpha - \sin^2\alpha$$

$$\tan 2\alpha = \frac{\tan\alpha+\tan\alpha}{1-\tan\alpha\tan\alpha} = \frac{2\tan\alpha}{1-\tan^2\alpha}$$

또한, $\cos^2\alpha - \sin^2\alpha = \cos^2\alpha - (1-\cos^2\alpha) = 2\cos^2\alpha - 1$

$\cos^2\alpha - \sin^2\alpha = (1-\sin^2\alpha) - \sin^2\alpha = 1 - 2\sin^2\alpha$

직각삼각형 ABC의 내심을 점 O라고 하고 그 반지름을 r라 하면

$$\overline{AO}+\overline{CO}+\overline{BO}=r,\ \overline{BH}=1$$

이고 $\angle BAC=\theta$, $\angle BCA = \dfrac{\pi}{2}-\theta$, $\angle BOH = 2\theta$이므로 $\sin 2\theta = \dfrac{\overline{BH}}{\overline{BO}} = \dfrac{1}{r}$이다.

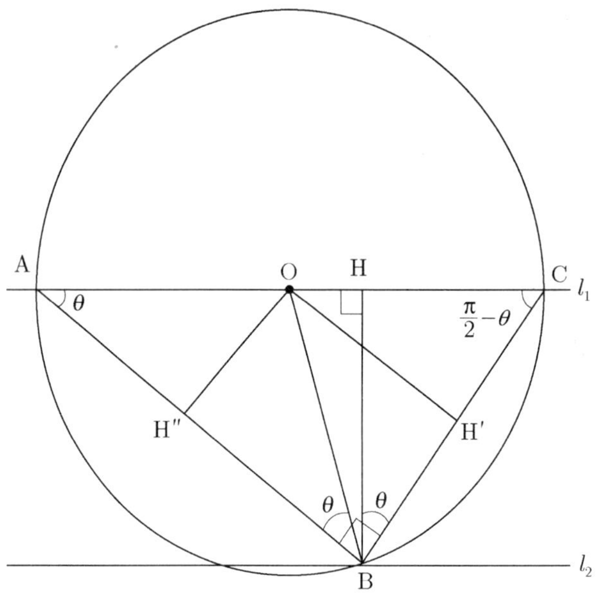

따라서 $r=\dfrac{1}{\sin 2\theta}=\dfrac{1}{2\sin\theta\cos\theta}$이다.

원의 중심 O에서 선분 BC, AB에 내린 수선의 발을 각각 H′, H″이라 할때

삼각형 OBC에서 $\overline{\mathrm{OC}}=r$이고 $\angle \mathrm{OCH}'=\dfrac{\pi}{2}-\theta$이므로 $\cos\left(\dfrac{\pi}{2}-\theta\right)=\dfrac{\overline{\mathrm{CH}'}}{\overline{\mathrm{OC}}}=\dfrac{\overline{\mathrm{CH}'}}{r}$

이다. 즉, $\overline{\mathrm{CH}'}=r\cos\left(\dfrac{\pi}{2}-\theta\right)=r\sin\theta$이다.

그러므로 $\overline{\mathrm{BC}}=2r\sin\theta$이다.

마찬가지로 삼각형 OAB에서 $\overline{\mathrm{BH}''}=r\cos\theta$이고 $\overline{\mathrm{AB}}=2r\cos\theta$이다.

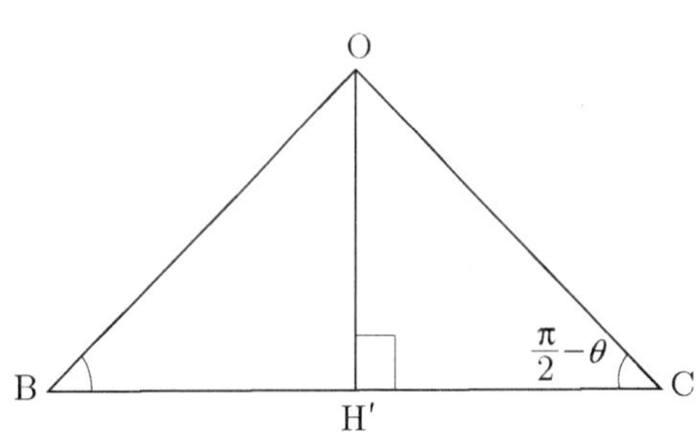

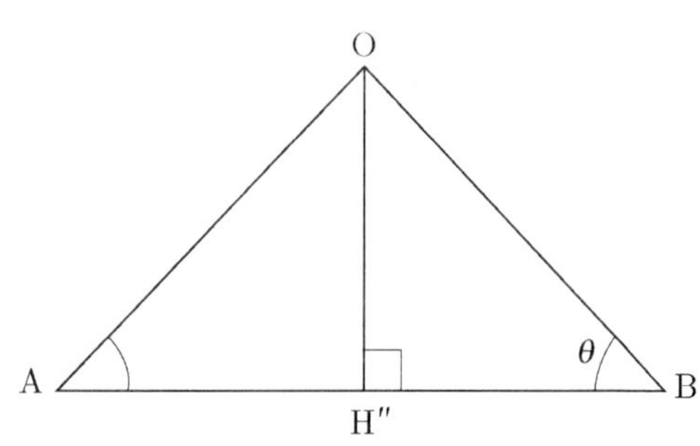

그러므로, 삼각형 ABC의 둘레의 길이 l는

$$l=\overline{AC}+\overline{BC}+\overline{AB}=2r+2r\sin\theta+2r\cos\theta$$
$$=\frac{1}{\sin\theta\cos\theta}+\frac{1}{\cos\theta}+\frac{1}{\sin\theta}$$

이다.

풀이 2-2	**외접원을 도입하여 코사인 제 2법칙을 이용함.**
덧붙여	직각삼각형 ABC에 외접하는 원을 이용하여 코사인 제 2법칙을 이용하여 해결할 수 있다.

직각삼각형 ABC의 외접원을 그리면 다음 그림과 같다.

직선 l_1과 평행하고 외접원 O에 접하는 직선 l을 그리고, 점 A에서 직선 l에 내린 수선의 발을 H라 하자.

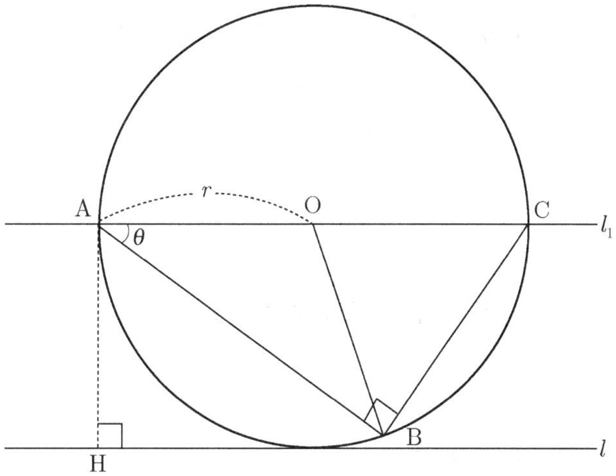

$\angle \mathrm{HAB}=\dfrac{\pi}{2}-\theta$, $\overline{\mathrm{AB}}=\dfrac{1}{\cos\left(\dfrac{\pi}{2}-\theta\right)}=\dfrac{1}{\sin\theta}$ 이다.

$\angle \mathrm{AOB}=\pi-2\theta$이므로 코사인 제 2법칙에 의하여

$$\cos(\pi-2\theta)=\frac{r^2+r^2-\dfrac{1}{\sin\theta}}{2\cdot r\cdot r},$$

$$-\cos 2\theta\times 2r^2=2r^2-\frac{1}{\sin^2\theta}$$

이다.

$\triangle \mathrm{BOC}$에서 코사인 제 2법칙에 의하여

$$\cos 2\theta=\frac{r^2+r^2-\overline{\mathrm{BC}}^2}{2\cdot r\cdot r},$$

$$\overline{\mathrm{BC}}^2=2r^2(1-\cos 2\theta)=2r^2(2\sin^2\theta)$$

이므로 $\overline{\mathrm{BC}}=2r\sin\theta=2\dfrac{\sin\theta}{\sin 2\theta}=\dfrac{2\sin\theta}{2\sin\theta\cos\theta}=\dfrac{1}{\cos\theta}$ 이다.

그러므로 삼각형 ABC의 둘레의 길이 l는

$$l=\overline{\mathrm{AC}}+\overline{\mathrm{BC}}+\overline{\mathrm{AB}}=2r+2r\sin\theta+2r\cos\theta$$

$$=\frac{1}{\sin\theta\cos\theta}+\frac{1}{\cos\theta}+\frac{1}{\sin\theta}$$

이다.

◆ [물음 2]에 대한 풀이 ◆

풀이 1	삼각함수 식을 치환함.
덧붙여	치환을 통해 $\sin^2\theta+\cos^2\theta=1$과 삼각함수의 합성을 이용하여 해결할 수 있다.

▎핵심 개념 삼각함수의 합성

$$a\sin\theta+b\cos\theta=\sqrt{a^2+b^2}\sin(\theta+\alpha),$$

$$\left(\text{단, } \sin\alpha=\frac{b}{\sqrt{a^2+b^2}},\ \cos\alpha=\frac{a}{\sqrt{a^2+b^2}}\right)$$

증명 삼각함수의 덧셈정리를 이용하여 $a\sin\theta+b\cos\theta(a\neq0,\ b\neq0)$를 $r\sin(\theta+\alpha)$의 꼴로 나타내어 보자.

좌표평면 위에 점 $\mathrm{P}(a,\ b)$를 잡고, 동경 OP가 나타내는 각을 α라고 하면

$\overline{\mathrm{OP}}=\sqrt{a^2+b^2}$ 이므로

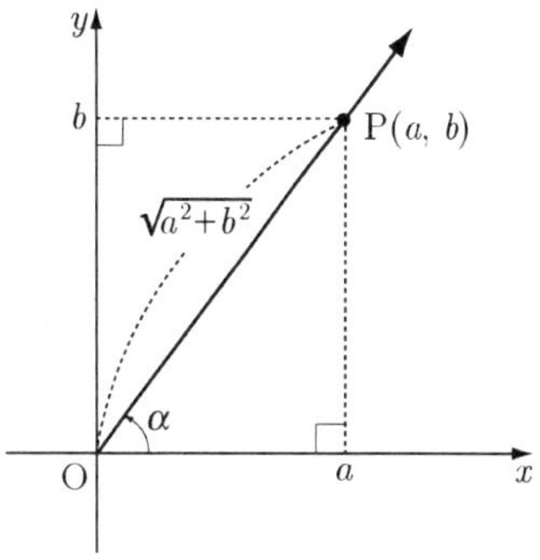

$$\sin\alpha=\frac{b}{\sqrt{a^2+b^2}},\ \cos\alpha=\frac{a}{\sqrt{a^2+b^2}}$$

이다. 따라서 다음이 성립한다.

$$\begin{aligned}a\sin\theta+b\cos\theta&=\sqrt{a^2+b^2}\left(\frac{a}{\sqrt{a^2+b^2}}\sin\theta+\frac{b}{\sqrt{a^2+b^2}}\cos\theta\right)\\&=\sqrt{a^2+b^2}(\cos\alpha\sin\theta+\sin\alpha\cos\theta)\\&=\sqrt{a^2+b^2}\sin(\theta+\alpha)\end{aligned}$$

이와 같이 $a\sin\theta+b\cos\theta\ (a\neq0,\ b\neq0)$를 $r\sin(\theta+\alpha)\ (r>0)$의 꼴로 나타내는 것을 삼각함수의 합성이라고 한다.

또한, $\sin\alpha=\frac{a}{\sqrt{a^2+b^2}},\ \cos\alpha=\frac{b}{\sqrt{a^2+b^2}}$로 놓으면

$$a\sin\theta+b\cos\theta=\sqrt{a^2+b^2}\cos(\theta-\alpha)$$

로 나타낼 수 있다.

$\sin\theta+\cos\theta=t$라 하면 $t^2=(\sin\theta+\cos\theta)^2=1+2\sin\theta\cos\theta$이다.

즉, $\sin\theta\cos\theta=\dfrac{t^2-1}{2}$이다.

그러므로 $\dfrac{\sin\theta+\cos\theta+1}{\sin\theta\cos\theta}=\dfrac{t+1}{\dfrac{t^2-1}{2}}=\dfrac{2}{t-1}=\dfrac{2}{\sin\theta+\cos\theta-1}$가 된다.

여기서, $\sin\theta+\cos\theta=\sqrt{2}\cos\left(\theta-\dfrac{\pi}{4}\right)\ \left(0<\theta<\dfrac{\pi}{2}\right)$이므로 $\sin\theta+\cos\theta$의 최댓값은 $\sqrt{2}$가 되어 주어진 문제의 최댓값은 $\dfrac{2}{\sin\theta+\cos\theta-1}=\dfrac{2}{\sqrt{2}-1}=2(\sqrt{2}+1)$이다.

▎풀이 2-1	산술-기하 평균 부등식
▎덧붙여	절대부등식인 산술-기하 평균 부등식을 관계식에 적용하여 해결할 수 있다.

▎핵심 개념 산술-기하 평균 부등식

$a>0,\ b>0$일 때, $\dfrac{a+b}{2}$를 $a,\ b$의 산술평균, $\sqrt{ab}$를 기하평균이라고 한다.

$a>0,\ b>0$일 때, 부등식 $\dfrac{a+b}{2}\geq\sqrt{ab}$은 다음과 같이 증명될 수 있다.

증명1 $a>0,\ b>0$이므로 $\sqrt{ab}=\sqrt{a}\sqrt{b}$

좌변에서 우변을 빼서 정리하면 $=\dfrac{(\sqrt{a}-\sqrt{b})^2}{2}\geq 0$

$$\frac{a+b}{2}-\sqrt{ab}=\frac{(\sqrt{a})^2-2\sqrt{a}\sqrt{b}+(\sqrt{b})^2}{2}$$

$$\therefore\ \frac{a+b}{2}\geq\sqrt{ab}$$

(여기서 등호가 성립하는 경우는 $\sqrt{a}=\sqrt{b}$, 즉 $a=b$일 때이다.)

증명 2 원의 지름의 길이가 $a+b$일 때, 지름을 a, b의 길이로 내분하는 점에서 지름에 그은 수선을 PQ라 하면, $\overline{PQ}^2 = ab$이고 선분 PQ의 길이는 원의 반지름의 길이보다 클 수가 없다. 따라서, $\frac{a+b}{2} \geq \sqrt{ab}$이다. 등호는 점 Q가 원의 중심일 때, 즉, $a=b$일 때 성립한다.

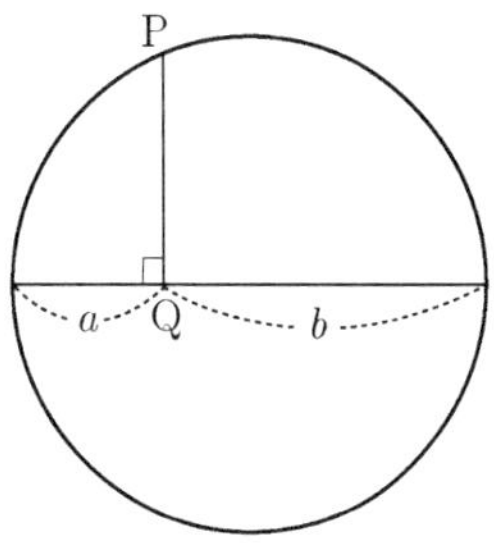

증명 3 직각을 낀 두 변의 길이가 $\sqrt{a}$, $\sqrt{b}$인 직각삼각형 4개를 90° 씩 회전시키며 붙이면, 4개의 직각삼각형의 넓이의 합은 전체 정사각형의 넓이보다 클 수가 없다. 따라서 $4 \times \frac{\sqrt{ab}}{2} \leq (\sqrt{a+b})^2$를 정리하면, $\frac{a+b}{2} \geq \sqrt{ab}$이다. 등호는 가운데 정사각형이 없을 때, 즉 $a=b$일 때 성립한다.

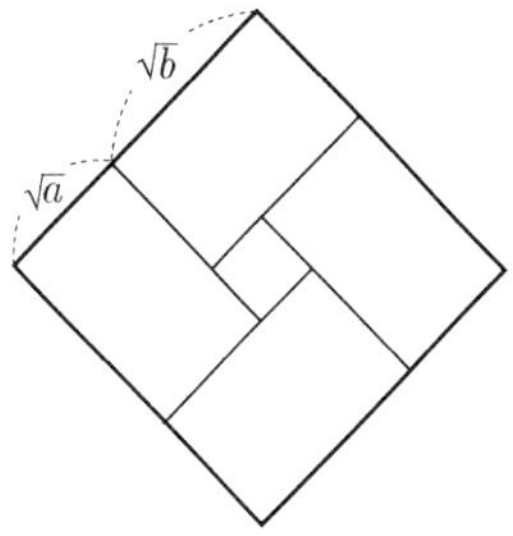

증명 4 두 변의 길이가 a, b인 직사각형 4개를 90° 씩 회전시키며 붙이면, 4개의 직사각형의 넓이의 합은 전체 정사각형의 넓이보다 클 수가 없다. 따라서 $4ab \leq (a+b)^2$이므로, 양변에 제곱근을 취하면, $2\sqrt{ab} \leq a+b$이다. 등호는 가운데 정사각형이 없을 때 즉, $a=b$일 때 성립한다.

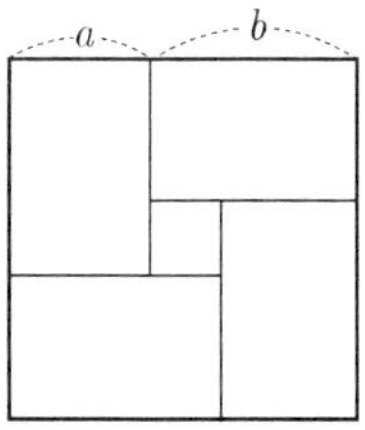

증명 5 반지름의 길이가 a, b $(a \geq b)$인 두 원의 중심을 각각 A, B라 하면,

$$\overline{BC} = \sqrt{(a+b)^2 - (a-b)^2} = 2\sqrt{ab}$$

이다. $\overline{AB} \geq \overline{BC}$이므로 $a+b \geq 2\sqrt{ab}$이다. 등호는 두 원의 크기가 같을 때 즉, $a=b$일 때 성립한다.

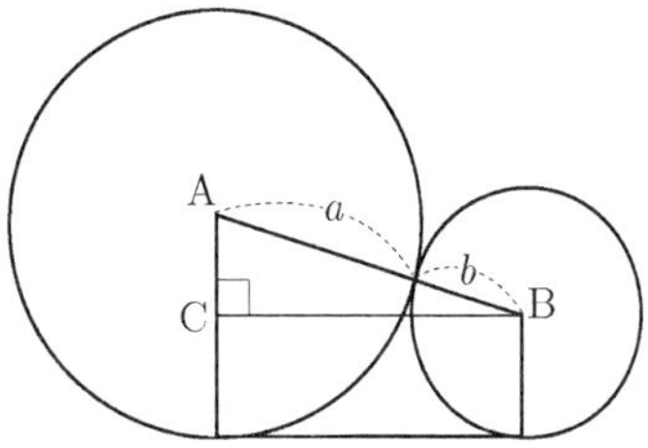

증명 6 $a \le b$일 때, (점 P의 x좌표) $\ge$(점 Q의 x좌표)이므로, $\dfrac{a+b}{2} \ge \sqrt{ab}$이다.

등호는 직선 $x+y=a+b$와 곡선 $xy=ab$가 접할 때, 즉, $a=b$일 때 성립한다.

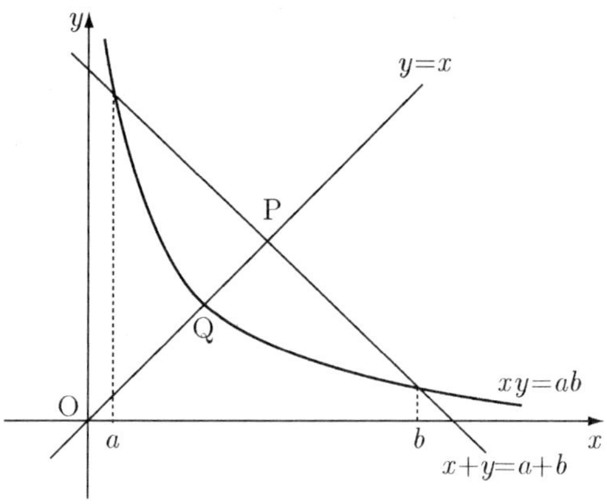

증명 7 $a \le b$라 가정할 때, 가격이 $\sqrt{a}$원, $\sqrt{b}$원인 두 종류의 물건을 임의로 섞어서 $\sqrt{a}$개, $\sqrt{b}$개 구입할 때, 재배열 부등식(rearrangement inequality)에 의해 구입 금액의 최댓값, 최솟값은 각각 $\sqrt{a}\sqrt{a}+\sqrt{b}\sqrt{b}$, $\sqrt{a}\sqrt{b}+\sqrt{b}\sqrt{a}$이다. 따라서 $a+b \ge 2\sqrt{ab}$이다.

[다음 증명은 평균의 대상들이 n개일 때의 증명방법이다. 즉, 산술-기하 평균 부등식이 다음과 같을 때 증명방법이다.

$$\text{양수 } a_1, a_2, \cdots, a_n\ (n \ge 2)\text{에 대하여 } \frac{a_1+a_2+\cdots+a_n}{n} \ge \sqrt[n]{a_1a_2\cdots a_n}\ ]$$

증명 8 $k=\sqrt[n]{a_1a_2\cdots a_n}$이라 두고, $i=1, 2, \cdots, n$에 대하여 $x_i=\dfrac{a_1a_2\cdots a_i}{k^i}$, $y_i=\dfrac{1}{x_i}$이라 두면, 재배열 부등식에 의해

$$x_1y_1+x_2y_2+x_3y_3+\cdots+x_ny_n \le x_1y_n+x_2y_1+x_3y_2+\cdots+x_ny_{n-1}$$

따라서 $\overbrace{1+1+\cdots+1}^{n\text{개}} \le \dfrac{a_1}{k}+\dfrac{a_2}{k}+\cdots+\dfrac{a_n}{k}$이므로, $n \le \dfrac{a_1}{k}+\dfrac{a_2}{k}+\cdots+\dfrac{a_n}{k}$이다.

따라서 $\dfrac{a_1+a_2+\cdots+a_n}{n} \ge k = \sqrt[n]{a_1 a_2 \cdots a_n}$ 이다. 등호는 $a_1=a_2=\cdots=a_n$ 일 때 성립.

증명 9 수학적 귀납법에 의하여 증명을 하면

(1) $n=2$일 때, $\dfrac{a_1+a_2}{2} \ge \sqrt{a_1 a_2}$ 가 성립함은 앞에서 증명함.

(2) $n=k$일 때 성립하면 $n=k+1$일 때도 성립함을 보이자.

$A_n = \dfrac{a_1+a_2+\cdots+a_n}{n}$ 이라 두고, $n=k$일 때 성립한다고 가정하면,

$n=k+1$일 때

$$A_{k+1} = \frac{a_1+a_2+\cdots+a_{k+1}}{k+1} = \frac{a_1+a_2+\cdots+a_{k+1}+(k-1)A_{k+1}}{2k}$$

$$= \frac{\dfrac{a_1+a_2+\cdots+a_k}{k} + \dfrac{a_{k+1}+(k-1)A_{k+1}}{k}}{2}$$

$$= \frac{\dfrac{a_1+a_2+\cdots+a_k}{k} + \dfrac{a_{k+1}+\overbrace{A_{k+1}+A_{k+1}+\cdots+A_{k+1}}^{(k-1)\text{개}}}{k}}{2}$$

$$\ge \frac{\sqrt[k]{a_1\cdots a_k} + \sqrt[k]{a_{k+1}A_{k+1}^{k-1}}}{2}$$

$$\ge \sqrt{\sqrt[k]{a_1\cdots a_k} \cdot \sqrt[k]{a_{k+1}A_{k+1}^{k-1}}} = (a_1\cdots a_{k+1})^{\frac{1}{2k}} \cdot A_{k+1}^{\frac{k-1}{2k}}$$

따라서, $A_{k+1}^{\frac{k+1}{2k}} \ge (a_1\cdots a_{k+1})^{\frac{1}{2k}}$ 이므로, $A_{k+1} \ge \sqrt[k+1]{a_1 a_2 \cdots a_{k+1}}$ 이다.

따라서 $n=k+1$일 때도 성립한다.

(1)과 (2)에 의하여 모든 $n(\ge 2)$에 대하여 성립한다.

증명10 함수 $f(x)=\ln x$는 위로 볼록한 함수이므로 옌센(Jensen) 부등식에 의하여

$$\ln\frac{a_1+a_2+\cdots+a_n}{n}\ge\frac{\ln a_1+\ln a_2+\cdots+\ln a_n}{n}=\ln(a_1a_2\cdots a_n)^{\frac{1}{n}}$$ 이므로

$$\frac{a_1+a_2+\cdots+a_n}{n}\ge\sqrt[n]{a_1a_2\cdots a_n}$$ 가 성립한다.

* 재배열 부등식(rearrangement inequality)란?

$a_1\ge a_2\ge\cdots\ge a_n$, $b_1\ge b_2\ge\cdots\ge b_n$일 때, $\sum a_ib_j\ (1\le i\le n,\ 1\le j\le n)$의 최댓값은 같은 순서로 곱할 때 얻어지고, 최솟값은 반대 순서로 곱할 때 얻어진다. 즉,

$$a_1b_1+a_2b_2+\cdots+a_nb_n\ge\sum a_ib_j\ge a_1b_n+a_2b_{n-1}+\cdots+a_nb_1$$

* 옌센 부등식(Jensen inequality)란?

함수 f가 구간 I에서 볼록함수일 때, $x_1, x_2, \cdots, x_n\in I$와 음이 아닌 실수 $m_1, m_2, \cdots, m_n$에 대하여

$$\frac{m_1f(x_1)+m_2f(x_2)+\cdots+m_nf(x_n)}{m_1+m_2+\cdots+m_n}\le f\left(\frac{m_1x_1+m_2x_2+\cdots+m_nx_n}{m_1+m_2+\cdots+m_n}\right)$$

이 성립한다.

$\overline{\mathrm{AB}}=\alpha$, $\overline{\mathrm{BC}}=\beta$, $\overline{\mathrm{CA}}=\gamma$ 라 두면 삼각형 ABC의 넓이 S는

$$S=\frac{1}{2}\times1\times\gamma=\frac{1}{2}\times\alpha\times\beta\cdots①$$

이다. $\therefore\gamma=\alpha\beta$이다. 그리고 직각삼각형 ABC에서 피타고라스 정리를 적용하면 $\gamma^2=\alpha^2+\beta^2\cdots②$이다. ①×2+②하면

$$\alpha^2+2\alpha\beta+\beta^2=\gamma^2+2\gamma\,,\ (\alpha+\beta)^2=\gamma^2+2\gamma$$

$$\alpha+\beta=\sqrt{\gamma^2+2\gamma}\ (\alpha+\beta>0\text{이므로})$$

따라서 $l=\alpha+\beta+\gamma=\gamma+\sqrt{\gamma^2+2\gamma}$ 이다. 이때, γ가 증가하면 l도 증가하므로 γ가 최소일 때 l이 최소이다. 또한, ①과 ②에 의해

$$\gamma^2=\alpha^2+\beta^2\geq 2\alpha\beta=2\gamma\,,\ \gamma\geq 2$$

이다. 따라서 γ의 최솟값은 2이다. 그러므로 $l=2+\sqrt{2^2+2\times 2}=2+2\sqrt{2}$ 이다.

다풀이 (10)

다풀이 [10]의 문제는 도형에서 각과 선분의 길이 사이의 관계를 나타낸다는 점에서 다풀이 [9]와 비슷하다. 하지만, 문제를 구성하는 도형의 특징(직각삼각형, 평행한 두 직선 위에 삼각형의 세 꼭짓점이 존재)이 달라 문제를 해결하는 전략도 다르게 나타났다.

다풀이 [10]의 풀이들은 2009 개정 교육과정을 기준으로 할 때, 중학교 과정의 내용과 교육과정 외의 코사인 제1법칙, 배각의 공식, 반각 공식을 이용한 풀이였다.

중학교 과정	교육과정 외
내용	내용
• 삼각비 • 외심 • 삼각형의 넓이	• 코사인 제1법칙 • 배각의 공식 • 반각 공식

문제

$\angle BAC = 90^\circ$인 직각삼각형 ABC에서 선분 BC의 연장선 위에 $\angle ABC = \angle CAD$가 되도록 점 D를 잡는다. $\angle ABC = \theta$라고 할 때, 선분 AD의 길이를 θ로 나타내어라.

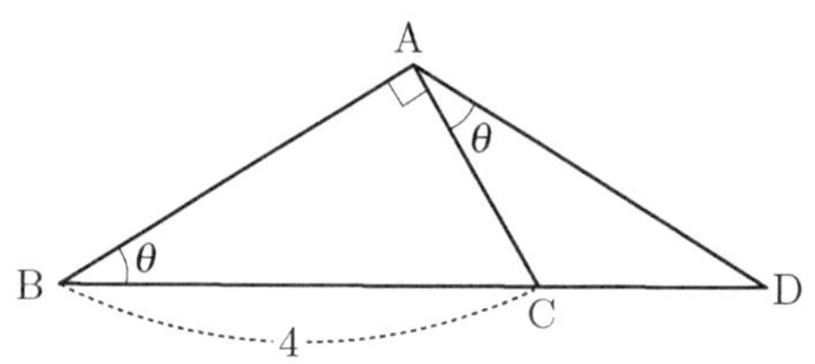

풀이 1	삼각형의 닮음을 이용함.
덧붙여	삼각형의 닮음비를 이용하여 비례식을 정리한 후, 문제를 해결할 수 있다.

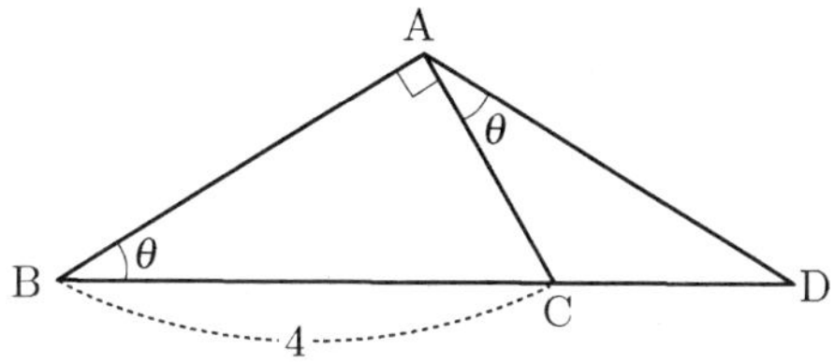

$\overline{AD}=x$, $\overline{CD}=y$라 하면 (단, $x, y>0$, $0<\theta<\frac{\pi}{2}$)

$\triangle ABD$와 $\triangle CAD$가 닮음이라는 점에 착안하면 $\overline{AD}:\overline{BD}=\overline{CD}:\overline{AD}$이다. 즉, $x^2=y(y+4)$ …①이다. 또한 $x=(y+4)\tan\theta$ 즉, $y=\frac{x}{\tan\theta}-4$를 y에 대한 식 ①에 대입하면,

$$\frac{x}{\tan\theta}\left(\frac{x}{\tan\theta}-4\right)=x^2,\ x^2\left(\frac{1}{\tan^2\theta}-1\right)=\frac{4}{\tan\theta}x,$$

$$x=\frac{4\tan\theta}{1-\tan^2\theta}=2\tan2\theta$$

이므로 $\overline{AD}=2\tan2\theta$이다.

풀이 2	외심을 이용함.
덧붙여	직각삼각형이 원에 외접할 때, 직각삼각형의 빗변이 원의 지름이 되므로, 이를 이용하여 문제를 해결할 수 있다.

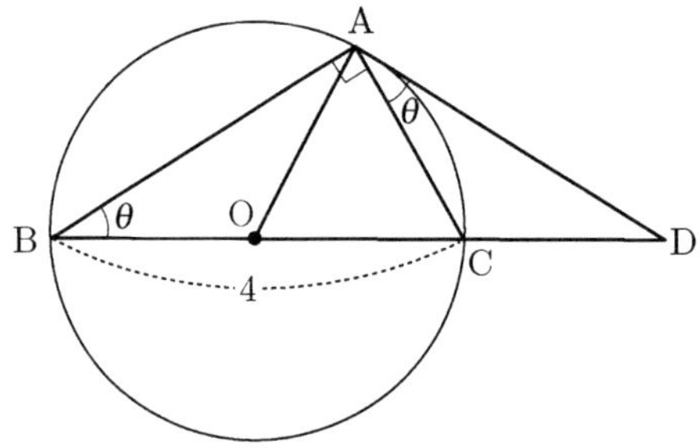

점 O를 $\overline{BC}$의 중점이라 하면, 점 O는 직각삼각형 ABC의 외심이 된다. 원 위의 점 A와 원의 중심 O를 연결하면, 선분 AO와 BO는 반지름이므로 삼각형 AOB는 이등변삼각형이다. 따라서 $\angle BAO = \theta$이다.

$\angle DAC + \angle CAB = 90^\circ + \theta = \angle BAO + \angle DAO = \theta + \angle DAO$이므로 $\angle DAO$는 직각이다. $\angle AOD$는 삼각형 AOB의 외각이므로, $\angle AOD = 2\theta$이다.

또한, $\overline{AO} = 2$(반지름의 길이)이므로, $\overline{AD} = \overline{AO}\tan(\angle AOD) = 2\tan 2\theta$이다.

풀이 3	코사인 제1법칙을 이용함.
덧붙여	각이 같은 닮은 두 삼각형에 코사인 제1법칙을 적용하여, 구하고자 하는 변의 길이에 대한 식을 세워 문제를 해결할 수 있다.

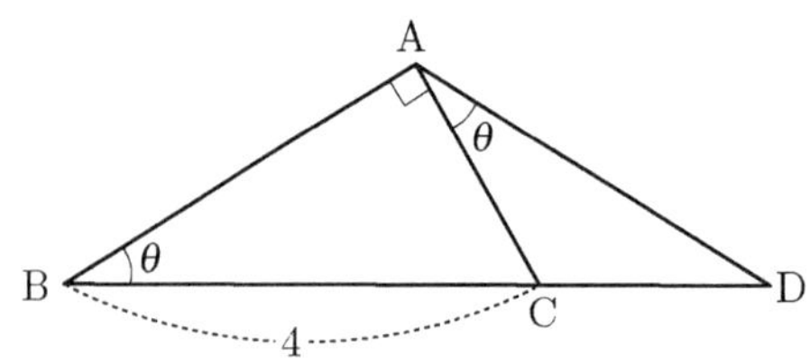

$\overline{AD} = x$, $\overline{CD} = y$라 하자. $\angle ABC = \angle CAD = \theta$이고, $\angle ACD$는 삼각형 ABC의 외각이므로, $\angle ACD = \angle CAB + \angle ABC = \dfrac{\pi}{2} + \theta$,

$$\angle \mathrm{ADB} = \angle \mathrm{ADC} = \pi - (\angle \mathrm{CAD} + \angle \mathrm{ACD}) = \pi - \left(\theta + \frac{\pi}{2} + \theta\right) = \frac{\pi}{2} - 2\theta$$

이다.

또한, $\overline{\mathrm{AC}} = \overline{\mathrm{BC}} \cos(\angle \mathrm{ACB}) = 4\cos\left(\frac{\pi}{2} - \theta\right) = 4\sin\theta$이고,

$$\overline{\mathrm{AB}} = \overline{\mathrm{BC}} \cos(\angle \mathrm{CBA}) = 4\cos\theta$$

이다.

삼각형 ACD에서 코사인 제1법칙에 의해

$$\overline{\mathrm{AD}} = \overline{\mathrm{CD}} \cos(\angle \mathrm{ADC}) + \overline{\mathrm{AC}} \cos(\angle \mathrm{CAD})$$

이다. 즉,

$$x = y\sin 2\theta + 4\sin\theta\cos\theta \cdots ①$$

삼각형 ABD에서 코사인 제 1 법칙에 의해

$$\overline{\mathrm{BD}} = \overline{\mathrm{AD}} \cos(\angle \mathrm{ADB}) + \overline{\mathrm{AB}} \cos(\angle \mathrm{ABD})$$

이다. 즉,

$$y + 4 = x\sin 2\theta + 4\cos^2\theta \cdots ②$$

①$+\sin 2\theta \times$②로 x, y에 대하여 연립하면,

$$(1 - \sin^2 2\theta)x = 4\sin\theta\cos\theta + 4\cos^2\theta\sin^2\theta - 4\sin 2\theta$$
$$= 4\sin 2\theta\cos^2\theta - 2\sin 2\theta,$$

$$x = \frac{2\sin 2\theta(2\cos^2\theta - 1)}{1 - \sin^2 2\theta} = \frac{2\sin 2\theta\cos 2\theta}{\cos^2 2\theta} = 2\tan 2\theta$$

이다.

또한, $y = 2\sec 2\theta - 2$이다.

❙ 풀이 4	보조선과 배각의 공식을 이용함.
❙ 덧붙여	직각삼각형의 빗변에 수선의 발을 내려 또 다른 직각삼각형을 만들고, 2θ인 각에 대하여 배각의 공식을 이용하여 문제를 해결할 수 있다.

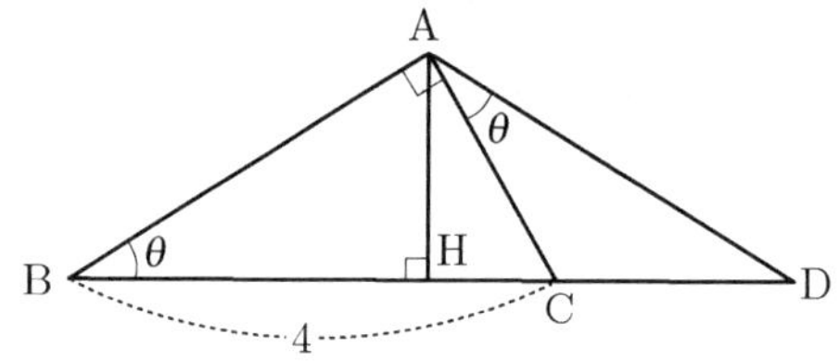

삼각형 ABC에서 선분 BD로 내린 수선의 발을 H라 하자. $\overline{AB}=4\cos\theta$이고

$$\overline{AH}=\overline{AB}\sin\theta=4\cos\theta\sin\theta$$

이다. $\angle BAH=\frac{\pi}{2}-\theta$이고 $\angle CAB=\frac{\pi}{2}$이므로, $\angle CAH=\theta$이다. 따라서 $\angle HAD=2\theta$ 이다.

$\cos 2\theta=\frac{\overline{AH}}{\overline{AD}}=\frac{4\cos\theta\sin\theta}{\overline{AD}}=\frac{2\sin 2\theta}{\overline{AD}}$ 이므로, $\overline{AD}=\frac{2\sin 2\theta}{\cos 2\theta}=2\tan 2\theta$이다.

❙ 풀이 5	보조선과 반각 공식을 이용함.
❙ 덧붙여	구하고자 하는 변에 수선의 발을 내리고, 반각 공식을 이용하여 변의 길이를 θ로 나타내어 문제를 해결할 수 있다.

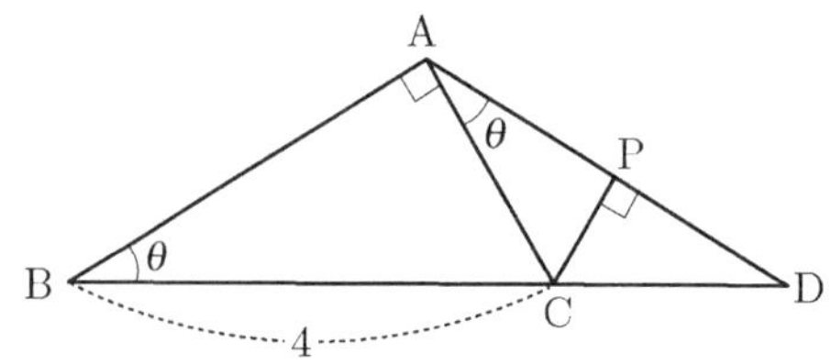

점 C에서 선분 AD에 내린 수선의 발을 P라 하자. $\angle ACB = \frac{\pi}{2} - \theta$이고 $\angle ACP = \frac{\pi}{2} - \theta$ 이고,

$$\angle ACB + \angle ACP + \angle PCD = \pi$$

이므로, $\angle PCD = 2\theta$이다. 따라서 $\angle ADC = \frac{\pi}{2} - 2\theta$이다.

삼각형 ABC에서 $\overline{AC} = 4\sin\theta$이다.

삼각형 ACP에서 $\overline{AP} = \overline{AC}\cos\theta = 4\sin\theta\cos\theta$, $\overline{CP} = \overline{AC}\sin\theta = 4\sin^2\theta$이다.

삼각형 CDP에서 $\frac{\overline{PD}}{\overline{PC}} = \tan 2\theta$, $\overline{PD} = \overline{PC}\tan 2\theta = 4\sin^2\theta\tan 2\theta$이다.

$$\begin{aligned}\overline{AD} = \overline{AP} + \overline{PD} &= 4\sin\theta\cos\theta + 4\sin^2\theta\tan 2\theta \\ &= 4\sin\theta\cos\theta + 4\frac{1-\cos 2\theta}{2}\tan 2\theta \\ &= 2\sin 2\theta + 2\tan 2\theta - 2\sin 2\theta = 2\tan 2\theta\end{aligned}$$

다풀이 (11)

하나의 변수로 표현된 식의 최댓값 또는 최솟값을 구하는 문제는 대부분 미분법을 이용하여 해결할 수 있다. 다풀이 [11]의 문제는 각 θ에 연결된 삼각함수가 사인과 코사인 두 가지 종류를 포함하고 있어, 삼각함수 공식을 이용하여 하나의 함수로 줄이거나, 절대 부등식을 이용하여 해결하거나, 삼각함수의 합성을 이용하여 하나의 변수로 구성된 식으로 간단히 하여 해결하거나, 배각의 공식, 반각 공식을 이용하여 하나의 변수로 간단히 하여 해결할 수 있다.

다풀이 [11]의 풀이들은 2009 개정 교육과정을 기준으로 할 때, 수학 I 과목의 도형의 방정식 영역, 미적분 II 과목의 삼각함수 영역의 내용을 이용한 것이었으며, 교육과정 외의 배각의 공식, 반각 공식을 이용한 풀이였다.

수학 Ⅰ		미적분 Ⅱ	
영역	내용	영역	내용
도형의 방정식	• 이차방정식과 이차함수 • 여러 가지 부등식	삼각함수	• 삼각함수의 뜻과 그래프

교육과정 외
내용
• 배각의 공식 • 반각 공식

문제

$0 \le \theta \le 2\pi$일 때, $\dfrac{1}{3+4\sin^2\theta}+\dfrac{1}{3+4\cos^2\theta}$의 최솟값을 구하여라.

❙ 풀이 1	$\sin^2\theta + \cos^2\theta = 1$을 이용함.
❙ 덧붙여	$\sin^2\theta + \cos^2\theta = 1$을 이용하여 주어진 식을 $\sin\theta$로 통일하면 이차식으로 변형되어 문제를 해결할 수 있다.

$t = 3 + 4\sin^2\theta$로 치환하면, $3 + 4\cos^2\theta = 7 - 4\sin^2\theta = 10 - t$이다.

$$\frac{1}{3+4\sin^2\theta} + \frac{1}{3+4\cos^2\theta} = \frac{1}{t} + \frac{1}{10-t} = \frac{10}{t(10-t)}$$

이다.

$0 \le \theta \le 2\pi$인 θ에 대하여 $3 \le t \le 7$이므로,

$$21 \le 10t - t^2 \le 25,\ \frac{2}{5} = \frac{10}{25} \le \frac{10}{10t-t^2} \le \frac{21}{10}$$

이다.

따라서 최솟값은 $\frac{2}{5}$이다.

❙ 풀이 2	코시-슈바르츠 부등식을 이용함.
❙ 덧붙여	이차식과 일차식이 포함된 절대부등식인 코시-슈바르츠 부등식을 이용하여, 준식의 최솟값을 구할 수 있다.

코시-슈바르츠 부등식을 이용하면,

$$\left(\frac{1}{3+4\sin^2\theta} + \frac{1}{3+4\cos^2\theta}\right)(3 + 4\sin^2\theta + 3 + 4\cos^2\theta)$$
$$= 10\left(\frac{1}{3+4\sin^2\theta} + \frac{1}{3+4\cos^2\theta}\right) \ge (1+1)^2 = 4$$

이다.

따라서 $\frac{1}{3+4\sin^2\theta}+\frac{1}{3+4\cos^2\theta}\geq\frac{2}{5}$

풀이 3-1	**산술-기하 부등식을 이용함.**
덧붙여	산술-기하 부등식을 이용하여, 주어진 식의 최솟값을 구할 수 있다.

$\frac{1}{3+4\sin^2\theta}>0$, $\frac{1}{3+4\cos^2\theta}>0$ 이므로 산술-기하 부등식을 이용할 수 있다.

$$\frac{1}{3+4\sin^2\theta}+\frac{1}{3+4\cos^2\theta}\geq 2\sqrt{\frac{1}{3+4\sin^2\theta}\cdot\frac{1}{3+4\cos^2\theta}}$$

$\frac{1}{3+4\sin^2\theta}=\frac{1}{3+4\cos^2\theta}$ 일 때 최솟값을 가지므로

$$3+4\sin^2\theta=3+4\cos^2\theta,\ \sin^2\theta-\cos^2\theta=0,$$
$$(\sin\theta-\cos\theta)(\sin\theta+\cos\theta)=0$$

이다.

$\sin\theta=\cos\theta$ 또는 $\sin\theta=-\cos\theta$ 이므로, $\theta=\frac{\pi}{4},\ \frac{3\pi}{4},\ \frac{5\pi}{4},\ \frac{7\pi}{4}$ 이다.

$\theta=\frac{\pi}{4},\ \frac{3\pi}{4},\ \frac{5\pi}{4},\ \frac{7\pi}{4}$ 일 때, $\sin^2\theta=\cos^2\theta=\left(\frac{\sqrt{2}}{2}\right)^2$ 이다.

그러므로 $\frac{1}{3+4\sin^2\theta}+\frac{1}{3+4\cos^2\theta}\geq\frac{1}{3+4\left(\frac{\sqrt{2}}{2}\right)^2}\times 2=\frac{2}{5}$ 이다.

따라서 주어진 식은 $\theta=\frac{\pi}{4},\ \frac{3\pi}{4},\ \frac{5\pi}{4},\ \frac{7\pi}{4}$ 일 때, 최솟값 $\frac{2}{5}$ 를 갖는다.

풀이 3-2	산술-기하 부등식을 이용함.
덧붙여	주어진 식을 통분하여 하나의 함수($\sin\theta\cos\theta$)에 대한 식으로 정리한 후, 산술-기하 부등식을 적용하여 문제를 해결할 수 있다.

$0 \le \theta \le 2\pi$에서 $\sin^2\theta, \cos^2\theta$은 모두 양수이므로,

$$\sin^2\theta\cos^2\theta \ge 2\sqrt{\sin^2\theta\cos^2\theta} = |2\sin\theta\cos\theta|$$

이므로, $|\sin\theta\cos\theta| \le \frac{1}{2}$이다.

단, $\sin\theta$, $\cos\theta$가 0일 때 위의 부등식을 만족시키므로, $0 \le \theta \le 2\pi$에서 $|\sin\theta\cos\theta| \le \frac{1}{2}$가 성립한다.

또한, $0 \le \sin^2\theta\cos^2\theta \le \frac{1}{4}$이므로, $21 \le 16\sin^2\theta\cos^2\theta + 21 \le 25$이다.

여기서 준식 $\frac{1}{3+4\sin^2\theta} + \frac{1}{3+4\cos^2\theta}$을 통분하여 정리하면, $\frac{10}{21+16\cos^2\theta\sin^2\theta}$이다.

따라서 $\frac{2}{5} = \frac{10}{25} \le \frac{10}{21+16\cos^2\theta\sin^2\theta} \le \frac{10}{21}$이므로, 최솟값은 $\frac{2}{5}$이다.

풀이 4	삼각함수의 합성을 이용함.
덧붙여	$\sin^2\theta + \cos^2\theta = 1$과 삼각함수 합성을 이용하여 하나의 삼각함수로 통일하면 문제를 해결할 수 있다.

$\cos\theta+\sin\theta=t$로 치환하면, $\cos\theta\sin\theta=\dfrac{t^2-1}{2}$이다. 또한, $0\le\theta\le 2\pi$인 θ에 대하여 삼각함수의 합성을 이용하면,

$$-\sqrt{2}\le t=\sqrt{2}\sin\left(\theta+\frac{\pi}{4}\right)\le\sqrt{2}$$

이다.

$$\begin{aligned}\frac{1}{3+4\sin^2\theta}+\frac{1}{3+4\cos^2\theta}&=\frac{6+4(\sin^2\theta+\cos^2\theta)}{(3+4\sin^2\theta)(3+4\cos^2\theta)}\\&=\frac{10}{(3+4\sin^2\theta)(3+4\cos^2\theta)}\\&=\frac{10}{9+12(\sin^2\theta+\cos^2\theta)+16\cos^2\theta\sin^2\theta}\\&=\frac{10}{21+16\cos^2\theta\sin^2\theta}=\frac{10}{21+16\left(\frac{t^2-1}{2}\right)^2}\end{aligned}$$

이다.

이 식의 분모의 식 $\left(\dfrac{t^2-1}{2}\right)^2$의 값이 최대일 때, 위 식의 값이 최소이다.

$-\sqrt{2}\le t\le\sqrt{2}$에서 $\left(\dfrac{t^2-1}{2}\right)^2$는 $t=\pm\sqrt{2}$일 때 최댓값 $\dfrac{1}{4}$를 갖는다.

따라서 준식의 최솟값은 $\dfrac{10}{21+16\times\frac{1}{4}}=\dfrac{10}{25}=\dfrac{2}{5}$이다.

❙ 풀이 5	배각공식을 이용함.
❙ 덧붙여	주어진 식을 통분하는 과정에서 배각공식을 이용하여 하나의 함수($\sin 2\theta$)로 통일하면 준식의 최솟값을 구할 수 있다.

준식을 통분하여 정리하면,

$$\frac{1}{3+4\sin^2\theta}+\frac{1}{3+4\cos^2\theta}=\frac{4\cos^2\theta+4\sin^2\theta+6}{16\sin^2\theta\cos^2\theta+12(\sin^2\theta+\cos^2\theta)+9}$$

$$=\frac{10}{16\sin^2\theta\cos^2\theta+21}$$

이고, $16\sin^2\theta\cos^2\theta=(4\sin\theta\cos\theta)^2=(2\sin 2\theta)^2$이므로,

$$(\text{준식})=\frac{10}{16\sin^2\theta\cos^2\theta+21}=\frac{10}{4\sin^2 2\theta+21}$$

이다.

$0\le\theta\le 2\pi$인 θ에 대하여 $0\le 4\sin^2 2\theta\le 4$이므로,

$21\le 4\sin^2 2\theta+21\le 25$이다. 따라서 $\frac{2}{5}=\frac{10}{25}\le\frac{10}{4\sin^2 2\theta+21}\le\frac{10}{21}$이므로, 최솟값은 $\frac{2}{5}$이다.

풀이 6	반각공식을 이용함.
덧붙여	반각공식을 이용하면 $\cos 2\theta$가 $\sin\theta$와 $\cos\theta$로 각각 표현될 수 있음을 이용하여 준식을 $\cos 2\theta$에 대한 식으로 정리한 후, 준식의 최솟값을 구할 수 있다.

반각공식을 이용하면 $4\sin^2\theta=2-2\cos 2\theta$, $4\cos^2\theta=2+2\cos 2\theta$가 성립한다.

$$\frac{1}{3+4\sin^2\theta}+\frac{1}{3+4\cos^2\theta}=\frac{1}{5-2\cos 2\theta}+\frac{1}{5+2\cos 2\theta}=\frac{10}{25-4\cos^2 2\theta}$$

이다. $0\le\theta\le 2\pi$인 θ에 대하여 $21\le 25-4\cos^2 2\theta\le 25$이므로, 최솟값은 $\frac{2}{5}$이다.

다풀이 (12)

수학적 개념의 성장은 어떤 기초적인 내용을 기반으로 하여, 그 기반 위에 다른 내용을 더 첨가함으로써, 기초적인 내용과 새로운 내용을 일관성 있게 이어나가면서 이루어진다. 이러한 성장 과정을 거친다는 의미에서 수학은 계통적이라 할 수 있다. 특히, 중학교 삼각비 단원과 고등학교 수학 삼각함수 단원은 이러한 계통성의 맥락을 가지고 있다. 따라서 두 단원은 서로 연계되어 학습이 이루어져야 하고, 삼각비 단원에 학습결손을 가지고 있는 학생은 자연스럽게 수학 삼각함수 단원의 학습에 어려움을 느끼게 된다.

다풀이 [12]의 풀이들은 2009 개정 교육과정을 기준으로 할 때, 수학 Ⅰ 과목의 도형의 방정식 영역, 미적분 Ⅱ 과목의 삼각함수 영역, 기하와 벡터 과목의 평면 벡터 영역의 내용을 이용한 것이었으며, 중학교 과정의 내용과 교육과정 외의 코사인 제2법칙, 사인법칙을 이용한 풀이였다.

중학교 과정	수학 Ⅰ	
내 용	영 역	내 용
• 삼각형의 닮음 • 삼각비	도형의 방정식	• 평면좌표 • 직선의 방정식 • 원의 방정식

미적분 Ⅱ		기하와 벡터	
영역	내용	영역	내용
삼각함수	• 삼각함수의 뜻과 그래프	평면 벡터	• 벡터의 연산 • 평면벡터의 성분과 내적

교육과정 외
내용
• 코사인 제2법칙 • 사인법칙

문제

직사각형 ABCD의 꼭짓점 D에서 대각선 AC에 그은 수선의 발을 E라 하면, $\angle AEB = 30^\circ$ 이다. $\overline{AB}=1$일 때, $\overline{BC}=a$를 구하여라.

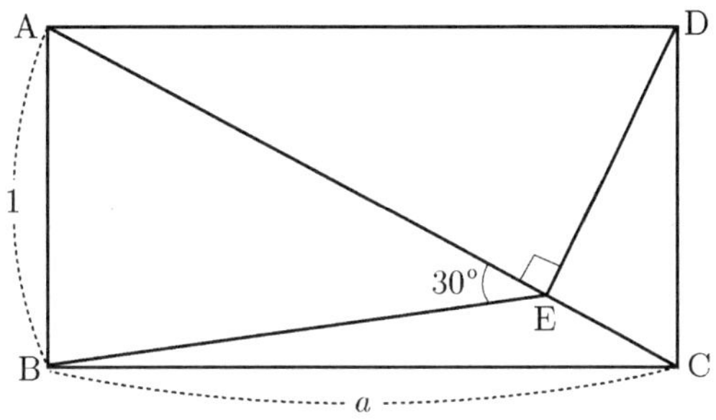

▌풀이 1 닮음비를 이용함.

▌덧붙여 두 직각삼각형 사이의 닮음비와 피타고라스의 정리, 특수각의 삼각비, 직각삼각형의 넓이를 구하는 다양한 수학적 표현 등을 통해 선분의 길이를 구할 수 있다.

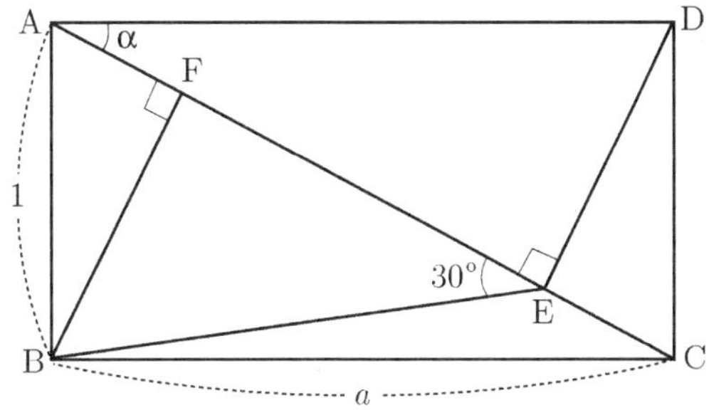

점 B에서 대각선 AC에 내린 수선의 발을 점 F라 하자.

$\angle DAE = \alpha$ 라 하면, $\angle ABF = \angle CDE = \alpha$ 이다.

또한, 피타고라스 정리에 의해 $\overline{AC}=\sqrt{a^2+1}$ 이다.

선분 DE의 길이를 구하기 위해 $\triangle$ABC의 넓이를 두 가지 방법으로 구해 보면

$$\frac{1}{2}\times\overline{AD}\times\overline{CD}=\frac{1}{2}\times\overline{AC}\times\overline{DE},\ \ \frac{1}{2}a=\frac{1}{2}\times\sqrt{a^2+1}\times\overline{DE}$$

이므로 $\overline{DE}=\overline{BF}=\dfrac{a}{\sqrt{a^2+1}}$ 이고 $\triangle$ADC와 $\triangle$DEC가 AA닮음이므로

$\overline{AD}:\overline{DC}=\overline{DE}:\overline{CE}$ 이다.

즉, $a:1=\dfrac{a}{\sqrt{a^2+1}}:\overline{CE}$ 이므로 $\overline{CE}=\dfrac{1}{\sqrt{a^2+1}}$ 이다.

두 직각삼각형 $\triangle$ADC와 $\triangle$DEC에서 $\overline{CD}:\overline{CA}=\overline{CE}:\overline{CD}$ 이므로 $\overline{CD}^2=\overline{CE}$ $\cdot\ \overline{CA}$ 이다. $\overline{CD}=1$ 이므로 $1^2=\overline{CE}\times\sqrt{a^2+1}$ 이다. 즉,

$$\overline{AF}=\overline{EC}=\frac{1}{\sqrt{a^2+1}}\ \cdots①$$

따라서,

$$\overline{AE}=\overline{AC}-\overline{EC}=\sqrt{a^2+1}-\frac{1}{\sqrt{a^2+1}}\ \cdots②$$

이다.

$\overline{BF}=\dfrac{a}{\sqrt{a^2+1}}$ 이므로 삼각비를 이용하면

$$\overline{FE}=\frac{\overline{BF}}{\tan 30^\circ}=\frac{\sqrt{3}\,a}{\sqrt{a^2+1}}\ \cdots③$$

이다.

①, ②, ③에 의하여 $\overline{AF}+\overline{FE}=\overline{AE}$ 이므로

$$\frac{1}{\sqrt{a^2+1}}+\frac{\sqrt{3}\,a}{\sqrt{a^2+1}}=\sqrt{a^2+1}-\frac{1}{\sqrt{a^2+1}}$$

이다. 즉 $a^2-\sqrt{3}a-1=0$이므로 $a=\dfrac{\sqrt{3}+\sqrt{7}}{2}$이다.

풀이 2-1 삼각함수를 이용함.

덧붙여 삼각비는 두 변의 길이의 비를 하나의 각으로 나타낸 것이므로, 변을 하나의 각 α로 나타내면 해결할 수 있다.

풀이 1-1을 참고하면, $\triangle$ABF에서 $\angle ABF=\alpha$ 이므로 $\overline{AF}=\sin\alpha$, $\overline{BF}=\cos\alpha$이다. $\triangle$BEF에서 $\overline{FE}=\sqrt{3}\,\overline{BF}=\sqrt{3}\cos\alpha$이다. $\triangle$DAE에서 $\overline{AE}=a\cos\alpha$이다. $\overline{AF}+\overline{FE}=\overline{AE}$이므로 $\sin\alpha+\sqrt{3}\cos\alpha=a\cos\alpha$이고, $\triangle$ADC에서

$$\sin\alpha=\frac{1}{\sqrt{a^2+1}},\ \cos\alpha=\frac{a}{\sqrt{a^2+1}}$$

이므로

$$\frac{1}{\sqrt{a^2+1}}+\frac{\sqrt{3}\,a}{\sqrt{a^2+1}}=\frac{a^2}{\sqrt{a^2+1}}$$

이다. 즉, $a^2-\sqrt{3}a-1=0$이므로 $a=\dfrac{\sqrt{3}+\sqrt{7}}{2}$이다.

다른 풀이: $\angle CAB=\theta$라 두어도 풀이 2-1의 아이디어로 해결할 수 있다.

풀이 2-2 삼각방정식을 이용함.

덧붙여 a를 삼각비 $\tan\theta$로 나타내고, 대각선의 길이 $\overline{AC}$를 $\tan\theta$에 대한 삼각방정식으로 나타내면 해결할 수 있다.

$\angle$CAB $=\theta$라 두면 $\overline{AC}=\dfrac{\overline{AB}}{\cos\theta}=\dfrac{1}{\cos\theta}$이다.

또한, $\triangle$AFB에서 $\cos\theta=\dfrac{\overline{AF}}{\overline{AB}}=\overline{AF}$이고, $\triangle$EFB에서 $\tan 30^\circ=\dfrac{\overline{BF}}{\overline{FE}}=\dfrac{\sin\theta}{\overline{FE}}$이고, $\overline{AF}=\overline{EC}$이므로

$$\overline{AC}=\overline{AF}+\overline{FE}+\overline{EC}=2\overline{AF}+\overline{FE}=2\cos\theta+\sqrt{3}\sin\theta$$

이다.

따라서 $\overline{AC}=\dfrac{1}{\cos\theta}=\sqrt{3}\sin\theta+2\cos\theta$이다.

$\cos\theta$로 양변을 나누면 $\dfrac{1}{\cos^2\theta}=\sqrt{3}\tan\theta+2$이다.

$\dfrac{1}{\cos^2\theta}=1+\tan^2\theta$이므로

$$\sqrt{3}\tan\theta+2=1+\tan^2\theta,\ \tan^2\theta-\sqrt{3}\tan\theta-1=0$$

이다. $a=\tan\theta$이므로 $a=\tan\theta=\dfrac{\sqrt{3}+\sqrt{7}}{2}$이다.

▎풀이 3 코사인 제 2법칙을 이용함.

▎덧붙여 하나의 삼각형에서 세 변의 길이가 주어지면, 코사인 제 2법칙을 적용하여 세 각 각각에 대한 코사인 값을 구할 수 있다는 아이디어를 활용하면 해결할 수 있다.

▎핵심 개념 코사인 제 2법칙

삼각형의 두 변의 길이와 그 끼인각의 크기를 알면 나머지 한 변의 길이를 구할 수 있다.

$$a^2 = b^2 + c^2 - 2\,bc\cos A$$
$$b^2 = c^2 + a^2 - 2\,ca\cos B$$
$$c^2 = a^2 + b^2 - 2\,ab\cos C$$

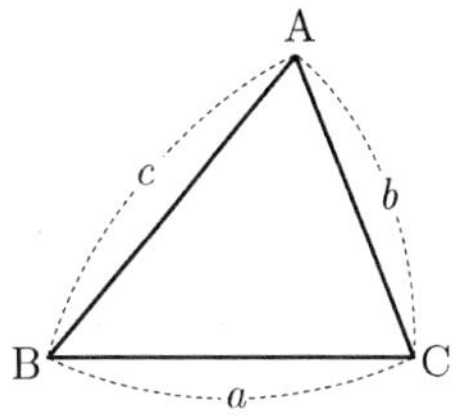

풀이 1과 같이 삼각형의 닮음비와 삼각비를 이용하여 분모를 유리화하면

$$\overline{\mathrm{EA}} = \frac{\sqrt{a^6 + a^4}}{a^2 + 1},\ \overline{\mathrm{EB}} = \frac{\sqrt{a^6 + 1}}{a^2 + 1}$$

이다.

△EAB에서 코사인 제 2법칙을 이용하면

$$\cos 30^\circ = \frac{\frac{a^6 + 1}{(a^2 + 1)^2} + \frac{a^6 + a^4}{(a^2 + 1)^2} - 1}{2\frac{\sqrt{a^6 + a^4}}{a^2 + 1} \times \frac{\sqrt{a^6 + 1}}{a^2 + 1}}$$

이다. 따라서

$$\frac{\sqrt{3}}{2} = \frac{a^6 - a^2}{\sqrt{a^6 + 1}\sqrt{a^6 + a^4}} = \frac{a^2(a^4 - 1)}{\sqrt{a^6 + 1} \times a^2\sqrt{a^2 + 1}}$$
$$= \frac{a^4 - 1}{\sqrt{(a^2 + 1)(a^4 - a^2 + 1)}\sqrt{a^2 + 1}}$$
$$= \frac{(a^2 - 1)(a^2 + 1)}{(a^2 + 1)\sqrt{a^4 - a^2 + 1}} = \frac{a^2 + 1}{\sqrt{a^4 - a^2 + 1}}$$

이므로 $\sqrt{3}\sqrt{a^4 - a^2 + 1} = 2(a^2 - 1)$이다.

여기서 $a^2 > 1$임을 알 수 있다.

따라서 $3a^4 - 3a^2 + 3 = 4a^4 - 8a^2 + 4$이므로

$$a^4 - 5a^2 + 1 = 0\text{이고 } a^2 = \frac{5+\sqrt{21}}{2}$$

이다. 이중근호를 풀면

$$a = \sqrt{\frac{5+\sqrt{21}}{2}} = \sqrt{\frac{10+2\sqrt{21}}{4}} = \frac{\sqrt{7}+\sqrt{3}}{2}$$

이 된다.

❙ 풀이 4-1	사인법칙과 삼각함수의 sin의 덧셈공식을 이용함.
❙ 덧붙여	선분 $\overline{\mathrm{AE}}$를 피타고라스 정리를 적용하여 나타내고, 대변과 대각 사이의 대응이 존재할 때 사인법칙을 적용하여 나타낸 두 식을 연결하면 문제를 해결할 수 있다.

❙ 핵심 개념 사인법칙

$\triangle\mathrm{ABC}$의 외접원의 반지름의 길이를 R 라고 하면

$$\frac{a}{\sin A} = \frac{b}{\sin B} = \frac{c}{\sin C} = 2R$$

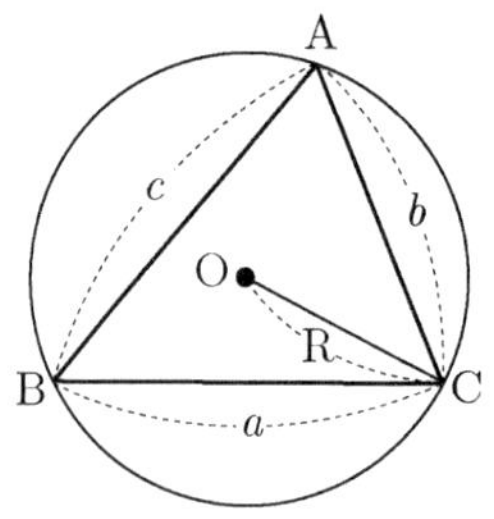

▌핵심 개념 삼각함수의 덧셈정리

1) $\sin(\alpha+\beta)=\sin\alpha\cos\beta+\cos\alpha\sin\beta$

$\sin(\alpha-\beta)=\sin\alpha\cos\beta-\cos\alpha\sin\beta$

2) $\cos(\alpha+\beta)=\cos\alpha\cos\beta-\sin\alpha\sin\beta$

$\cos(\alpha-\beta)=\cos\alpha\cos\beta+\sin\alpha\sin\beta$

3) $\tan(\alpha+\beta)=\dfrac{\tan\alpha+\tan\beta}{1-\tan\alpha\tan\beta}$

$\tan(\alpha-\beta)=\dfrac{\tan\alpha-\tan\beta}{1+\tan\alpha\tan\beta}$

$\angle\mathrm{EAB}=\theta$ 라고 하자.

$$\overline{\mathrm{AC}}=\sqrt{a^2+1},\ \overline{\mathrm{AE}}=\frac{a^2}{\sqrt{a^2+1}}\ \cdots①$$

이다. $\triangle\mathrm{ABE}$에서 사인법칙을 적용하면 $\triangle\mathrm{ABE}$에서

$$\frac{\overline{\mathrm{AB}}}{\sin 30^\circ}=\frac{\overline{\mathrm{AE}}}{\sin(\pi-(30^\circ+\theta))}$$

이므로 $\dfrac{1}{\sin30^\circ}=\dfrac{\overline{\mathrm{AE}}}{\sin(30^\circ+\theta)}$ 이다. 즉, $\overline{\mathrm{AE}}=\dfrac{\sin(30^\circ+\alpha)}{\sin30^\circ}$ 이다.

한편 $\triangle\mathrm{ABC}$에서 $\sin\theta=\dfrac{a}{\sqrt{1+a^2}}$, $\cos\theta=\dfrac{1}{\sqrt{1+a^2}}$ 이므로 sin의 덧셈공식에 의하여

$$\sin(30^\circ+\theta)=\frac{1}{2}\frac{1}{\sqrt{a^2+1}}+\frac{\sqrt{3}}{2}\frac{a}{\sqrt{a^2+1}}=\frac{1}{2\sqrt{a^2+1}}(1+\sqrt{3}a)$$

이다. 따라서

$$\overline{\text{AE}}=\frac{\sin(30^\circ+\alpha)}{\sin 30^\circ}=\frac{\frac{1}{2\sqrt{a^2+1}}(1+\sqrt{3}a)}{\frac{1}{2}}=\frac{1+\sqrt{3}a}{\sqrt{a^2+1}}\ \cdots②$$

이다.

①, ②에 의하여 $\overline{\text{AE}}=\frac{a^2}{\sqrt{a^2+1}}=\frac{1+\sqrt{3}a}{\sqrt{a^2+1}}$이므로, $a^2-\sqrt{3}a+1=0$이다.

따라서 $a=\sqrt{\frac{5+\sqrt{21}}{2}}=\sqrt{\frac{10+2\sqrt{21}}{4}}=\frac{\sqrt{7}+\sqrt{3}}{2}$이다.

풀이 4-2	tan의 덧셈공식을 이용함.
덧붙여	특수각인 30°를 각 θ_1, θ_2로 나누어 덧셈공식을 이용하여 하나의 방정식으로 정리하면 해결할 수 있다.

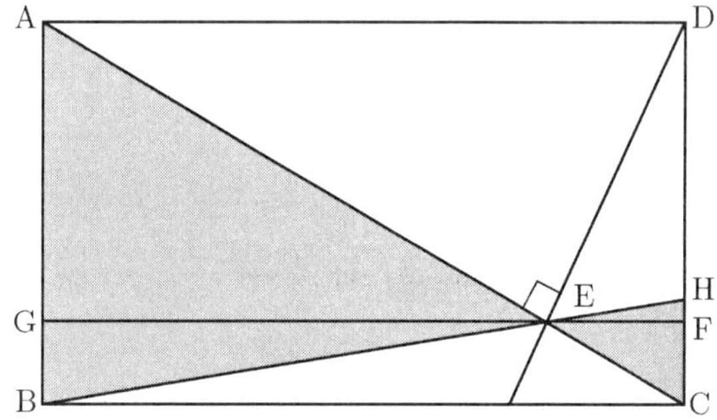

$\angle\text{AEB}=\angle\text{CED}$, $\angle\text{EAB}=\angle\text{ECD}$이므로 두 삼각형 $\triangle\text{ABE}$와 $\triangle\text{CHE}$는 AA닮음이다.

풀이 1에서 $\overline{\text{AE}}=\frac{a^2}{\sqrt{a^2+1}}$, $\overline{\text{EC}}=\frac{1}{\sqrt{a^2+1}}$이므로, $\overline{\text{CE}}:\overline{\text{AE}}=1:a^2$이다.

따라서, $\overline{\text{AB}}:\overline{\text{HC}}=a^2:1$이다. 즉, $\overline{\text{HC}}=\frac{1}{a^2}$이다.

$\angle \mathrm{AEG} = \angle \mathrm{ACB} = \alpha$, $\angle \mathrm{BEG} = \angle \mathrm{CBH} = \beta$라 하면, $\tan\alpha = \dfrac{\overline{\mathrm{AB}}}{\overline{\mathrm{BC}}} = \dfrac{1}{a}$이고,

$$\tan\beta = \frac{\overline{\mathrm{HC}}}{\overline{\mathrm{BC}}} = \frac{\frac{1}{a^2}}{a} = \frac{1}{a^3}$$

이다. 그런데, $\alpha + \beta = 30°$이므로, 다음이 성립한다.

$$\tan 30° = \tan(\alpha + \beta) = \frac{\tan\alpha + \tan\beta}{1 - \tan\alpha \times \tan\beta} = \frac{\frac{1}{a} + \frac{1}{a^3}}{1 - \frac{1}{a^4}} = \frac{a^3 + 1}{a^4 - 1}$$

$$(a^2 + 1)(a^2 - \sqrt{3}a + 1) = 0$$

또한, $a^2 + 1 \neq 0$이므로 $a^2 - \sqrt{3}a + 1 = 0$이다.

즉, $a = \dfrac{\sqrt{3} + \sqrt{7}}{2}$이다.

풀이 5-1	좌표평면을 도입함.
덧붙여	좌표평면 위의 직사각형에서 점 E의 좌표를 통해 내분점 공식과 삼각방정식을 구성하면 해결할 수 있다.

핵심 개념 내분점

두 점 $\mathrm{A}(x_1, y_1)$, $\mathrm{B}(x_2, y_2)$에 대하여 선분 AB를 $m : n\ (m > 0,\ n > 0)$으로 내분하는 점 P의 좌표는

$$\mathrm{P}\left(\frac{mx_2 + nx_1}{m+n},\ \frac{my_2 + ny_1}{m+n}\right)$$

특히 선분 AB의 중점 M의 좌표는

$$\mathrm{M}\left(\frac{x_1 + x_2}{2},\ \frac{y_1 + y_2}{2}\right)$$

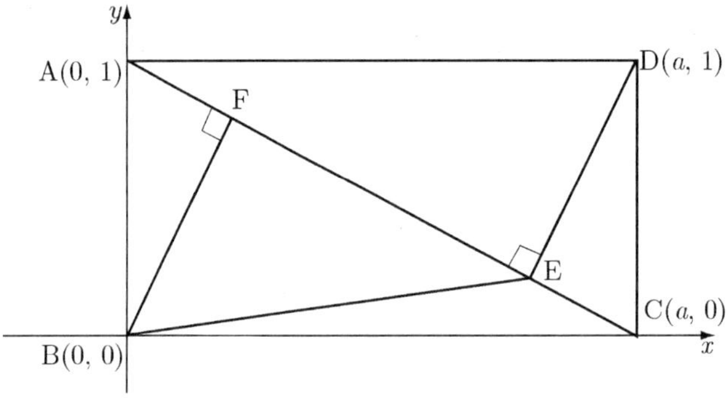

위 그림과 같이 점 B를 원점으로 하는 좌표평면을 생각하면 각 점의 좌표는 A$(0,1)$, B$(0, 0)$, C$(a, 0)$, D$(a, 1)$이 된다.

점 E는 $\overline{\mathrm{AC}}$를 $a^2:1$로 내분한 점이므로, 두 점 A$(0,1)$와 D$(a,1)$에 $a^2:1$로 내분한 점을 내분점 공식을 이용하면 $\mathrm{E}\left(\dfrac{a^3}{a^2+1},\ \dfrac{1}{a^2+1}\right)$이다.

따라서, $\overline{\mathrm{BE}}=\dfrac{\sqrt{a^6+1}}{a^2+1}=\dfrac{\sqrt{a^4-a^2+1}}{\sqrt{a^2+1}}$이다.

그리고 $\overline{\mathrm{BF}}=\overline{\mathrm{DE}}$이므로 $\overline{\mathrm{BF}}=\dfrac{a}{\sqrt{a^2+1}}$ (∵ 풀이 1 참조)이다.

$\triangle$EFB에서 $\angle\mathrm{FEB}=30°$, $\angle\mathrm{EFB}=90°$이므로 $\sin 30°\ \overline{\mathrm{BE}}=\overline{\mathrm{BF}}$, $\overline{\mathrm{BE}}=2\overline{\mathrm{BF}}$이다.

따라서 $\overline{\mathrm{BE}}=\dfrac{\sqrt{a^4-a^2+1}}{\sqrt{a^2+1}}=2\overline{\mathrm{BF}}=\dfrac{2a}{\sqrt{a^2+1}}$이므로

$$\sqrt{a^4-a^2+1}=2a,\ a^4-5a^2+1=0$$

이다.

근의 공식을 이용하면, $a^2=\dfrac{5+\sqrt{21}}{2}$이다. 이중근호를 풀면

$$a=\sqrt{\frac{5+\sqrt{21}}{2}}=\sqrt{\frac{10+2\sqrt{21}}{4}}=\frac{\sqrt{7}+\sqrt{3}}{2}$$

이 된다.

❙ 풀이 5-2 좌표평면을 도입함.

❙ 덧붙여 좌표평면을 도입하여 직선을 설정하면 교점 E의 좌표를 구하여 문제를 해결할 수 있다.

❙ 핵심 개념 직선의 방정식

1) 한 점과 기울기가 주어진 직선의 방정식

점 $(x_1,\ y_1)$을 지나고 기울기가 m인 직선의 방정식은 $y-y_1=m(x-x_1)$

2) 두 점을 지나는 직선의 방정식

서로 다른 두 점 $A(x_1,\ y_1)$, $B(x_2,\ y_2)$를 지나는 직선의 방정식은

(1) $x_1 \neq x_2$일 때, $y-y_1=\dfrac{y_2-y_1}{x_2-x_1}(x-x_1)$

(2) $x_1 = x_2$일 때, $x=x_1$

풀이 5-1의 그림에서 두 점 $A(0,1)$와 $C(a,0)$을 지나는 직선의 방정식은

$$y=-\frac{1}{a}x+1\cdots①$$

이다.

그리고 두 점 D와 E를 지나는 직선의 방정식은 직선 ①과 수직하므로 기울기는 a이고, 점 $D(a,1)$을 지나므로 $y=a(x-a)+1=ax-a^2+1$이다.

여기서, $\overline{AC}$와 $\overline{DE}$의 교점 E의 좌표를 구하면,

$$-\frac{1}{a}x+1=ax-a^2+1,\ \left(a+\frac{1}{a}\right)x=a^2$$

이므로, $x=\dfrac{a^3}{a^2+1}$, $y=\dfrac{1}{a^2+1}$이다.

즉, 점 E의 좌표는 $\left(\frac{a^3}{a^2+1}, \frac{1}{a^2+1}\right)$이다.

$\triangle$EBC에서 두 내각의 합은 한 외각과 같으므로, $\angle \mathrm{EBC}+\angle \mathrm{ECB}=30^\circ$ 이다.

즉, $\tan(\angle \mathrm{EBC}+\angle \mathrm{ECB})=\tan 30^\circ$ 이다.

$$\tan\angle \mathrm{EBC}=\frac{\text{점E의 } y\text{좌표}}{\text{점E의 } x\text{좌표}}=\frac{\frac{1}{a^2+1}}{\frac{a^3}{a^2+1}}=\frac{1}{a^3}$$ 이고 $\tan\angle \mathrm{ECB}=\frac{1}{a}$ 이다.

삼각형의 덧셈정리에 의해서 $\tan 30^\circ=\frac{\frac{1}{a^3}+\frac{1}{a}}{1-\frac{1}{a^3}\cdot\frac{1}{a}}=\frac{1}{\sqrt{3}}$ 이므로

$$\frac{a^3+a}{a^4-1}=\frac{1}{\sqrt{3}},\ a^4-1=(a^2-1)(a^2+1)=\sqrt{3}a(a^2+1)$$

이고, $a^2+1\neq 0$이므로 $a^2-\sqrt{3}a-1=0$이다. 즉, $a=\frac{\sqrt{3}+\sqrt{7}}{2}$이다.

풀이 6-1	벡터의 내분과 내적을 이용함.
덧붙여	벡터의 내분을 이용하여 하나의 벡터를 표현하고 그 벡터를 내적을 이용하면 해결할 수 있다.

핵심 개념 벡터의 내분

두 점 A, B의 위치벡터를 각각 $\vec{a}$, $\vec{b}$라고 할 때, 선분 AB를 $m:n(m>0,\ n>0)$으로 내분하는 점 P의 위치벡터 $\vec{p}$는

$$\vec{p}=\frac{m\vec{b}+n\vec{a}}{m+n}$$

❙ 핵심 개념 벡터의 내적

1) 두 벡터 $\vec{a}$, $\vec{b}$가 이루는 각의 크기를 θ라고 할 때, $\vec{a}\cdot\vec{b}=|\vec{a}||\vec{b}|\cos\theta$

2) 벡터의 내적과 성분

(1) $\vec{a}=(a_1,\ a_2)$, $\vec{b}=(b_1,\ b_2)$일 때, $\vec{a}\cdot\vec{b}=a_1b_1+a_2b_2$

(2) $\vec{a}=(a_1,\ a_2,\ a_3)$, $\vec{b}=(b_1,\ b_2,\ b_3)$일 때, $\vec{a}\cdot\vec{b}=a_1b_1+a_2b_2+a_3b_3$

$\overrightarrow{BA}=\vec{s}$, $\overrightarrow{BC}=\vec{t}$라 하면 $\overrightarrow{BE}=(1-t)\vec{s}+k\vec{t}$로 표현할 수 있다. $\overrightarrow{AC}=\vec{t}-\vec{s}$이므로 $\overrightarrow{BE}\cdot\overrightarrow{AC}=|\overrightarrow{BE}||\overrightarrow{AC}|\cos30^\circ$, $\overrightarrow{BE}=k\vec{s}+(1-k)\vec{t}$과 $\overrightarrow{AC}=\vec{t}-\vec{s}$를 대입하면

$$((1-k)\vec{s}+k\vec{t})\cdot(\vec{t}-\vec{s})=|\overrightarrow{BE}||\overrightarrow{AC}|\cos30^\circ,\ |\vec{t}|=a,\ |\vec{s}|=1$$

이다. 따라서,

$$k|\vec{t}|^2-(1-k)|\vec{s}|^2=\sqrt{a^2+1}\sqrt{(1-k)^2+k^2a^2}\times\frac{\sqrt{3}}{2}\ \cdots①$$

이 된다. 그리고 $\overrightarrow{BE}+\overrightarrow{ED}=\overrightarrow{BD}=\vec{s}+\vec{t}$ 이므로 $\overrightarrow{ED}=k\vec{s}+(1-k)\vec{t}$이다.

$\overrightarrow{ED}$와 $\overrightarrow{AC}$가 수직이므로 $\overrightarrow{ED}\cdot\overrightarrow{AC}=0$이 되고 이 식에 $\overrightarrow{ED}=k\vec{s}+(1-k)\vec{t}$와 $\overrightarrow{AC}=\vec{t}-\vec{s}$를 대입하면 $(k\vec{s}+(1-k)\vec{t})\cdot(\vec{t}-\vec{s})=0$이다. 이를 전개하면 $(1-k)|\vec{t}|^2-k|\vec{s}|^2=0$이다.

$|\vec{t}|=a$, $|\vec{s}|=1$이므로 k에 대하여 정리하면 $k=\dfrac{a^2}{a^2+1}$이 된다.

이를 ①에 대입하면 $a^2-1=\sqrt{a^4-a^2+1}\times\dfrac{\sqrt{3}}{2}$이 되고 양변을 제곱하면

$$a^4-2a^2+1=(a^4-a^2+1)\times\frac{3}{4}$$

이다.

등식의 양변에 4를 곱하고 정리하면 $a^4-5a^2+1=0$이 되어, $a^2=\dfrac{5+\sqrt{21}}{2}$ 이다.

이중근호를 풀면

$$a=\sqrt{\frac{5+\sqrt{21}}{2}}=\sqrt{\frac{10+2\sqrt{21}}{4}}=\frac{\sqrt{7}+\sqrt{3}}{2}$$

이 된다.

풀이 6-2	좌표평면, 벡터의 내분, 내적을 이용함.
덧붙여	좌표를 도입하여 각 사각형의 꼭짓점의 좌표를 구하여 위치벡터로 나타낸 후, 내적으로 해결할 수 있다.

핵심 개념 위치벡터

한 점 O를 시점으로 하는 벡터 $\overrightarrow{OP}$를 점 O에 대한 점 P의 위치벡터라고 한다. 즉 시점을 한 점 O로 고정하면 벡터 $\overrightarrow{OP}$와 평면 또는 공간 위의 한 점 P는 일대일로 대응한다. 일반적으로 위치벡터의 시점 O는 좌표평면 또는 좌표공간의 원점으로 잡는다.

풀이 5-1과 같이 이를 활용하여 점 B를 원점으로 하여 점 A, B, C, D 의 좌표를 각각 구하면 다음과 같다.

$$A\left(\frac{-a^3}{a^2+1},\frac{a^2}{a^2+1}\right), B\left(\frac{-a^3}{a^2+1},\frac{-1}{a^2+1}\right),$$

$$C\left(\frac{a}{a^2+1},\frac{-1}{a^2+1}\right), D\left(\frac{a}{a^2+1},\frac{a^2}{a^2+1}\right)$$

이때, $\overrightarrow{OA}=(-a,1)$, $\overrightarrow{OB}=(-a^3,-1)$이다.

$\triangle AOB$에서 내적을 이용하면, $\cos(\angle AOB)=\dfrac{\overrightarrow{OA}\cdot\overrightarrow{OB}}{|\overrightarrow{OA}||\overrightarrow{OB}|}$이다.

$$\cos 30^\circ = \frac{a^4-1}{\sqrt{a^2+1}\sqrt{a^6+1}}$$

이므로 $2a^4-2=\sqrt{3(a^8+a^6+a^2+1)}$ 이다.

양변을 제곱하면 $a^8-3a^6-8a^4-3a^2+1=0$이다.

a^4으로 나누면 $\left(a^4+\dfrac{1}{a^4}\right)-3\left(a^2+\dfrac{1}{a^2}\right)-8=0$이 된다.

여기서, $t=a^2+\dfrac{1}{a^2}$라 두면 $t^2-3t-10=0$ 이다.

즉, $t=-2$ 또는 $t=5$이다. t는 양수이므로 $t=a^2+\dfrac{1}{a^2}=5$ 가 된다.

따라서 $a=\dfrac{\sqrt{3}+\sqrt{7}}{2}$이다.

풀이 7-1	보조선을 활용함.
덧붙여	원래 주어진 문제에 보조선을 추가하여 삼각비를 이용하여 해결할 수 있다.

$\overline{AD}$와 $\overline{BC}$가 만나도록 $\triangle AED$를 평행이동시켜 새로운 삼각형 $\triangle BE'D$를 만든다.

이때 $\angle DEC=\angle ADC$, $\angle DCE$는 공통이므로 $\triangle DEC$와 $\triangle ADC$는 닮음(AA 닮음)이다.

$\overline{AB}=1$, $\overline{BC}=a$이므로 $\tan(\angle CAB)=a$이고 $\overline{CE}=x$라 두면 $\overline{DE}=ax$, $\overline{AE}=a^2x$가 된다.

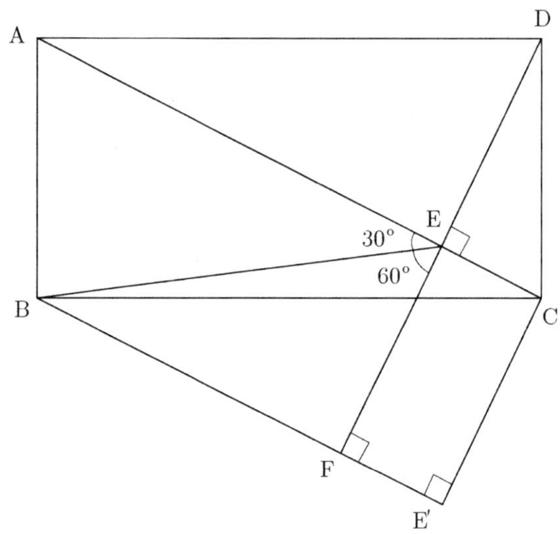

$\triangle AED \equiv \triangle BE'C$이므로

$$\overline{AE} = \overline{BE'} = a^2x,\ \overline{EF} = \overline{CE'} = \overline{DE} = ax \cdots ①$$

이다.

$\angle ADE = \angle BCE'$, 사각형 $EFE'C$는 직사각형이므로

$$\overline{EC} = \overline{FE'} = x,\ \overline{BF} = \overline{BE'} - \overline{FE'} = (a^2-1)x \cdots ②$$

이다. $\triangle BFE$가 직각삼각형이고 $\angle EFB = 60^\circ$ 이므로 $\overline{BF} = \sqrt{3}\,\overline{EF}$이다.

①과 ②를 대입하면 $(a^2-1)x = \sqrt{3}\,ax$이고 양변을 x로 나누고 제곱하면

$$a^4 - 2a^2 + 1 = 3a^2,\ a^4 - 5a^2 + 1 = 0$$

이 되어, $a^2 = \dfrac{5+\sqrt{21}}{2}$이다.

이중근호를 풀면

$$a = \sqrt{\frac{5+\sqrt{21}}{2}} = \sqrt{\frac{10+2\sqrt{21}}{4}} = \frac{\sqrt{7}+\sqrt{3}}{2}$$

이 된다.

풀이 7-2	원의 방정식을 이용함.
덧붙여	원의 방정식을 활용하여 교점을 통하여 문제를 해결할 수 있다.

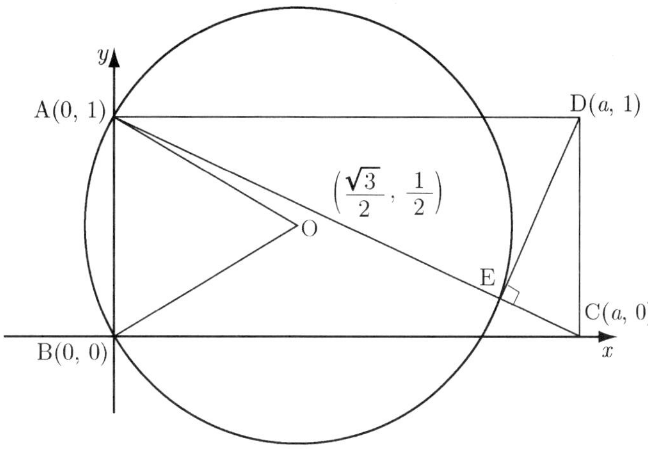

중심이 $\left(\frac{\sqrt{3}}{2}, \frac{1}{2}\right)$이고 반지름이 1인 원을 그리면 $\triangle$ABO는 정삼각형이 된다.

$\angle AOB = 60°$ 이고 $\angle AEB = 30°$ 이므로 점 E는 원 위에 존재한다.

풀이 5-1에서 얻은 점 $E\left(\frac{a^3}{a^2+1}, \frac{1}{a^2+1}\right)$을 원의 방정식 $\left(x-\frac{\sqrt{3}}{2}\right)^2+\left(y-\frac{1}{2}\right)^2=1$

에 대입하면

$$\left(\frac{a^3}{a^2+1}-\frac{\sqrt{3}}{2}\right)^2-\left(\frac{1}{a^2+1}-\frac{1}{2}\right)^2=1,$$

$$\frac{a^6}{(a^2+1)^2}-\sqrt{3}\frac{a^3}{a^2+1}-\frac{1}{a^2+1}+\frac{1}{(a^2+1)^2}=0$$

이 된다. 양변에 $(a^2+1)^2$를 곱하면 $a^6-\sqrt{3}a^3(a^2+1)-(a^2+1)+1=0$이 되고

$$a^4-\sqrt{3}a^3-\sqrt{3}a-1=0,\ (a^2-1)(a^2+1)-\sqrt{3}a(a^2+1)=0$$

이다. 여기서, a는 양수이므로 a^2+1로 양변을 나누면 $a^2-1-\sqrt{3}a=0$이다.

따라서 $a=\sqrt{\dfrac{5+\sqrt{21}}{2}}=\sqrt{\dfrac{10+2\sqrt{21}}{4}}=\dfrac{\sqrt{7}+\sqrt{3}}{2}$이다.

다풀이 (13)

조합 문제는 문제가 진술되는 형태가 실생활 맥락 속에서 다양하게 나타날 수 있으며, 수학적 개념인 조합의 개념뿐만 아니라 문제 진술 내용을 학생들이 이해하지 못해 많은 학생에게 어려운 문제로 꼽힌다. 특히 중복조합은 반복될 수 있는 대상과 반복될 수 없는 대상이 포함된 문제 조건으로 인하여 많은 학생들에게 ${}_{n}\mathrm{H}_{r}$이란 수식이 이해되지 않은 상태에서 기계적인 학습이 이루어지고 있다. 이를 학생들이 이해할 수 있도록 교과서에서는 중복조합을 같은 것이 있는 순열로 설명하고 있다. 예를 들어 설명하면, 서로 다른 4개에서 중복을 허락하여 5개를 뽑는 방법의 수는 중복조합으로 계산하면 ${}_{4}\mathrm{H}_{5}$이지만, 이는 | | | ○ ○ ○ ○ ○를 일렬로 나열하는 경우(총 8개의 빈칸 ○에 | 가 들어갈 3개를 뽑는 경우)와 같으므로 ${}_{8}\mathrm{C}_{3} = {}_{4+5-1}\mathrm{C}_{3}$이다.

다풀이 [13]의 풀이들은 2009 개정 교육과정을 기준으로 할 때, 확률과 통계 과목의 순열과 조합 영역의 내용을 이용한 것이었으며, 교육과정 외의 하키스틱 정리, ${}_{n}\mathrm{H}_{r} = {}_{n-1}\mathrm{H}_{r} + {}_{n}\mathrm{H}_{r-1}$, 계차수열을 이용한 풀이였다.

확률과 통계		교육과정 외
영 역	내 용	내 용
순열과 조합	• 경우의 수 • 순열과 조합 • 분할 • 이항정리	• 하키스틱 정리 • ${}_{n}\mathrm{H}_{r} = {}_{n-1}\mathrm{H}_{r} + {}_{n}\mathrm{H}_{r-1}$ • 계차수열

문제

다음 부등식을 만족하는 음이 아닌 정수해의 모든 쌍 (x,y,z,u)의 개수를 구하여라.

$$x+y+z+u<6$$

풀이 1 변수의 값에 따라 경우의 수를 분류함.

덧붙여 부정방정식을 해결하듯이, x, y, z, u의 값에 따라 경우를 분류한 후, 같은 것이 있는 순열을 이용하면 해결할 수 있다.
중복조합의 원리를 직접적으로 적용하지 않고 해결하는 방식으로 하나의 항에 제곱이 있는 경우(예: $x^2+y+z+u<6$), 변수 앞의 계수가 동일하지 않은 경우(예: $2x+y+z+u<6$)에 적절한 해결방법이라고 할 수 있다.

핵심 개념 같은 것이 있는 순열

n개 중에서 서로 같은 것이 각각 p개, q개, $\cdots$, r개씩 있을 때, n개를 모두 일렬로 나열하는 순열의 수는 $\frac{n!}{p!q!\cdots r!}$ (단, $p+q+\cdots+r=n$)

서로 다른 4개에서 중복을 허락하여 6개 미만을 뽑는 경우는 다음과 같다.

1) $(0, 0, 0, 0)$을 일렬로 나열하는 경우의 수는 1(가지)이다.

2) $(0, 0, 0, 1)$을 일렬로 나열하는 경우의 수는 $\frac{4!}{3!1!}=4$이고, $(0, 0, 0, 2)$부터 $(0, 0, 0, 5)$까지도 같은 경우의 수가 생긴다. 따라서 $5\times\frac{4!}{3!1!}=20$(가지)이다.

3) (0, 0, 1, 1)을 일렬로 나열하는 경우의 수는 $\frac{4!}{2!2!}=6$이고, 0, 0, 2, 2도 마찬가지이므로, $2\times\frac{4!}{2!2!}=12$(가지)이다.

4) (0, 0, 1, 2)를 일렬로 나열하는 경우의 수는 $\frac{4!}{2!}=12$이고,

$$(0,\ 0,\ 1,\ 3),\ (0,\ 0,\ 1,\ 4),\ (0,\ 0,\ 2,\ 3)$$

도 동일하다.

따라서 $4\times\frac{4!}{2!}=48$(가지)

5) (0, 1, 1, 1)를 일렬로 나열하는 경우의 수는 $\frac{4!}{3!}=4$(가지)

6) (0, 1, 1, 2)를 일렬로 나열하는 경우의 수는 $\frac{4!}{2!}=12$이고, (0, 1, 1, 3)부터 (0, 1, 2, 2)도 동일하다. 따라서 $3\times\frac{4!}{2!}=36$(가지)

7) (1, 1, 1, 1)을 일렬로 나열하는 경우의 수는 1(가지)

8) (1, 1, 1, 2)를 일렬로 나열하는 경우의 수는 $\frac{4!}{3!}=4$(가지)

1)~8)에 의해 $1+20+12+48+4+36+1+4=126$(가지)이다.

풀이 2	변수의 값에 따라 경우의 수를 분류함.
덧붙여	풀이 1과 비슷하지만, 네 개의 변수 중 두 개의 변수 합으로 두 쌍씩 분류하면 문제를 해결할 수 있다.

1) $x+y=5$이고 $z+u=0$인 경우:

$x+y=5$인 순서쌍 $(x, y)=(0, 5), (1, 4), (2, 3), (3, 2), (4, 1), (5, 0)$으로 6가지,

(여기서, ${}_2\mathrm{H}_5 = {}_{2+5-1}\mathrm{C}_5 = {}_6\mathrm{C}_5 = 6$으로도 구할 수 있다.)

$z+u=0$인 순서쌍 $(z, u)=(0, 0)$으로 1가지.

(여기서, ${}_2\mathrm{H}_0 = {}_{2+0-1}\mathrm{C}_0 = {}_1\mathrm{C}_0 = 1$로 구할 수 있다.)

따라서, $6\times1=6$(가지)이다.

2) $x+y=4$ 이고 $z+u \le 1$인 경우:

$x+y=4$인 순서쌍 (x, y)는 5가지

$z+u \le 1$인 순서쌍 (z, u)는 $(1+2)$가지($\because z+u=0, 1$)

따라서, $5\times3=15$(가지)이다.

3) $x+y=3$ 이고 $z+u \le 2$인 경우:

$x+y=3$인 순서쌍 (x, y)는 4가지

$z+u \le 2$인 순서쌍 (z, u)는 $1+2+3$(가지) ($\because z+u=0, 1, 2$)

따라서, $4\times6=24$(가지)이다.

4) $x+y=2$ 이고 $z+u \le 3$인 경우:

$x+y=2$인 순서쌍 (x, y)는 3가지

$z+u \le 3$인 순서쌍 (z, u)는 $1+2+3+4$가지 ($\because z+u=0, 1, 2, 3$)

따라서, $3\times10=30$(가지)이다.

5) $x+y=1$ 이고 $z+u \le 4$인 경우:

$x+y=1$인 순서쌍 (x, y)는 2가지

$z+u \le 4$인 순서쌍 (z, u)는 $1+2+3+4+5$가지 ($\because z+u=0, 1, 2, 3, 4$)

따라서, $2\times15=30$(가지)이다.

6) $x+y=0$ 이고 $z+u \le 5$인 경우:

$x+y=0$인 순서쌍 (x, y)는 1가지

$z+u \le 5$인 순서쌍 (z, u)는 $1+2+3+4+5+6$가지 ($\because z+u=0, 1, 2, 3, 4, 5$)

따라서, $1\times21=21$(가지)이다.

1)~6)에 의해 $6+15+24+30+30+21=126$(가지)이다.

풀이 3	변수의 값에 따라 경우의 수를 분류함.
덧붙여	풀이 1과 비슷하지만, 하나의 변수에 따라 경우를 분류하였으므로, 네 개의 변수를 다루지 않으므로 경우를 빠뜨리지 않고 구할 수 있다. 하지만, 이 풀이는 각 경우마다 조합 계산이 다소 복잡하다.

1) $u=0$인 경우

$x+y+z=0$, $x+y+z=1$, $x+y+z=2$, $x+y+z=3$, $x+y+z=4$, $x+y+z=5$로 나누면 ${}_2C_0+{}_3C_1+{}_4C_2+{}_5C_3+{}_6C_4+{}_7C_5={}_8C_5=56$이다.

(여기서, ${}_nH_r={}_{n+r-1}C_r$ 임을 기억하자.)

2) $u=1$인 경우

$x+y+z=0$, $x+y+z=1$, $x+y+z=2$, $x+y+z=3$, $x+y+z=4$로 나누면 ${}_2C_0+{}_3C_1+{}_4C_2+{}_5C_3+{}_6C_4={}_7C_4=35$이다.

3) $u=2$인 경우

$x+y+z=0$, $x+y+z=1$, $x+y+z=2$, $x+y+z=3$로 나누면 ${}_2C_0+{}_3C_1+{}_4C_2+{}_5C_3={}_6C_3=20$이다.

4) $u=3$인 경우

$x+y+z=0$, $x+y+z=1$, $x+y+z=2$로 나누면 ${}_2C_0+{}_3C_1+{}_4C_2={}_5C_2=10$이다.

5) $u=4$인 경우

$x+y+z=0$, $x+y+z=1$로 나누면 ${}_2C_0+{}_3C_1={}_4C_1=4$이다.

6) $u=5$인 경우로 나누면 $x+y+z=0$이므로 ${}_2C_0=1$이다.

1)- 6)에 의해 $56+35+20+10+4+1=126$(가지)이다.

풀이 4-1	중복조합을 이용함.
덧붙여	6보다 작은 $x+y+z+u$의 값의 각 경우에 따라 중복조합을 적용하여 구할 수 있다.

❙ 핵심 개념 중복조합

서로 다른 n개에서 r개를 택하는 중복조합의 수는 ${}_n\mathrm{H}_r = {}_{n+r-1}\mathrm{C}_r$이다.

여기서 ${}_n\mathrm{H}_r = \dfrac{\{r+(n-1)\}!}{r!(n-1)!} = {}_{r+(n-1)}\mathrm{C}_r = {}_{n+r-1}\mathrm{C}_r$이다.

1) $x+y+z+u=0$인 경우, 모든 쌍의 개수는 ${}_4\mathrm{H}_0 = {}_3\mathrm{C}_0 = {}_4\mathrm{C}_0$

2) $x+y+z+u=1$인 경우, 모든 쌍의 개수는 ${}_4\mathrm{H}_1 = {}_4\mathrm{C}_1$

3) $x+y+z+u=2$인 경우, 모든 쌍의 개수는 ${}_4\mathrm{H}_2 = {}_5\mathrm{C}_2$

4) $x+y+z+u=3$인 경우, 모든 쌍의 개수는 ${}_4\mathrm{H}_3 = {}_6\mathrm{C}_3$

5) $x+y+z+u=4$인 경우, 모든 쌍의 개수는 ${}_4\mathrm{H}_4 = {}_7\mathrm{C}_4$

6) $x+y+z+u=5$인 경우, 모든 쌍의 개수는 ${}_4\mathrm{H}_5 = {}_8\mathrm{C}_5$

1)에서 6)를 모두 더하면,

$$\begin{aligned}{}_4\mathrm{C}_0+{}_4\mathrm{C}_1+{}_5\mathrm{C}_2+{}_6\mathrm{C}_3+{}_7\mathrm{C}_4+{}_8\mathrm{C}_5 &= {}_5\mathrm{C}_1+{}_5\mathrm{C}_2+{}_6\mathrm{C}_3+{}_7\mathrm{C}_4+{}_8\mathrm{C}_5\\ &= {}_6\mathrm{C}_2+{}_6\mathrm{C}_3+{}_7\mathrm{C}_4+{}_8\mathrm{C}_5\\ &= {}_7\mathrm{C}_3+{}_7\mathrm{C}_4+{}_8\mathrm{C}_5 = {}_8\mathrm{C}_4+{}_8\mathrm{C}_5\\ &= {}_9\mathrm{C}_4 = 126(\text{가지})\end{aligned}$$

이다.

❙ 풀이 4-2	중복조합을 이용함.
❙ 덧붙여	부등식을 변수 w를 추가하여 방정식으로 변환한 후, 각 경우의 수를 중복조합으로 구할 수 있다.

부등식 $x+y+z+u<6$을 만족하는 음이 아닌 정수해의 모든 쌍 (x,y,z,u)의 개수를 구하는 문제는 w를 하나 더 넣어서

$$x+y+z+u+w=5$$

에서 음이 아닌 정수해의 모든 쌍 (x, y, z, u, w)의 개수를 구하는 것과 같다. 왜냐하면, $w=0$인 경우는 $x+y+z+u=5$와 같고, $w=1$인 경우는 $x+y+z+u=4$와 같다.

이와 같이 $w=2, \cdots, w=5$인 경우도 마찬가지이다.

그러므로 $x+y+z+u+w=5$를 만족하는 음이 아닌 정수해의 모든 (x, y, z, u, w)의 개수와 같으므로 ${}_5\mathrm{H}_5 = {}_9\mathrm{C}_5 = 126$이다.

❙풀이 5 중복조합의 개념을 중심으로 파스칼의 삼각형에서 발견된 정리인 "하키스틱 정리"를 적용함.

❙덧붙여 조합 계산에 있어서 파스칼의 삼각형에서 발견된 하키 채 모양을 닮아서 이름 붙어진 하키스틱 정리를 적용하여 해결할 수 있다.

❙핵심 개념 하키스틱 정리

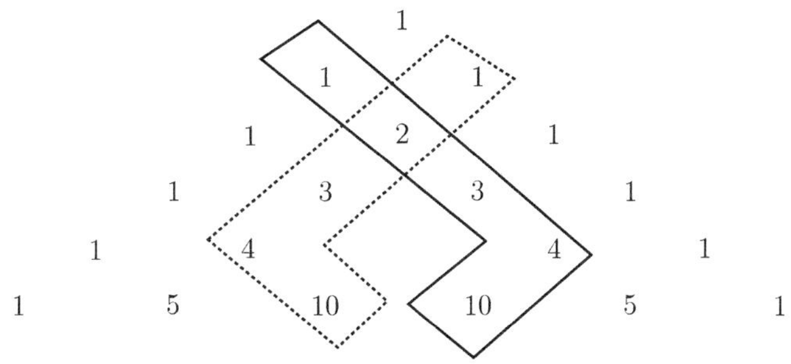

풀이 5에 나타난 정리는 파스칼의 삼각형에서 발견된 정리이며, 하키 스틱을 닮았다고 하여 하키스틱 정리라고도 부른다. 위 그림의 '파스칼의 삼각형'에서 실선부분에 있는 수들에 대하여 $1+2+3+4=10$이 성립한다. 이를 이항계수로 나타내면 ${}_1\mathrm{C}_0 + {}_2\mathrm{C}_1 + {}_3\mathrm{C}_2 + {}_4\mathrm{C}_3 = {}_5\mathrm{C}_3$이다. 이를 일반화하면,

$$_{n}C_{0}+{}_{n+1}C_{1}+{}_{n+2}C_{2}+\cdots+{}_{n+m}C_{m}={}_{n+m+1}C_{m}$$

이다.

위 그림의 파스칼의 삼각형에서 점선부분에 있는 수들에 대하여 $1+2+3+4=10$ 이 성립한다. 이를 이항계수로 나타내면

$$_{1}C_{2}+{}_{2}C_{2}+{}_{3}C_{2}+{}_{4}C_{2}={}_{5}C_{3}$$

이다. 이를 일반화하면,

$$_{n}C_{m}+{}_{n+1}C_{m}+{}_{n+2}C_{m}+\cdots+{}_{n+m}C_{m}={}_{n+m+1}C_{m+1}$$

이다.

[풀이 4-1]에서 1), 2), 3), 4), 5), 6)을 모두 더하면,

$$_{3}C_{0}+{}_{4}C_{1}+{}_{5}C_{2}+{}_{6}C_{3}+{}_{7}C_{4}+{}_{8}C_{5}$$

이다.

파스칼의 삼각형에서

$$_{n}C_{0}+{}_{n+1}C_{1}+{}_{n+2}C_{2}+\cdots+{}_{n+m}C_{m}={}_{n+m+1}C_{m}$$

이므로, $n=3$, $m=5$를 대입하면, 모든 쌍의 개수는 $_{9}C_{5}=126$(가지)이다.

I 풀이 6-1 등식 $_{n}H_{r}={}_{n-1}H_{r}+{}_{n}H_{r-1}$을 이용함.

I 덧붙여 등식 $_{n}H_{r}={}_{n-1}H_{r}+{}_{n}H_{r-1}$를 이용하여 중복조합 계산을 하고, $x+y+z+u$가 특정한 값으로 고정되는 상황을 4종류의 공을 한 주머니에 넣는 상황으로 해석하면 해결할 수 있다.

▍핵심 개념 $_{n}\mathrm{H}_{r}={}_{n-1}\mathrm{H}_{r}+{}_{n}\mathrm{H}_{r-1}$

$_{n}\mathrm{H}_{r}=\dfrac{\{r+(n-1)\}!}{r!(n-1)!}$ 임을 이용하면,

$$\begin{aligned}{}_{n-1}\mathrm{H}_{r}+{}_{n}\mathrm{H}_{r-1}&=\frac{\{r+(n-2)\}!}{r!(n-2)!}+\frac{\{(r-1)+(n-1)\}!}{(r-1)!(n-1)!}\\&=\frac{(n+r-2)!}{r!(n-2)!}+\frac{(n+r-2)!}{(r-1)!(n-1)!}\\&=\frac{(n+r-2)!}{(r-1)!(n-2)!}\left(\frac{1}{r}+\frac{1}{n-1}\right)\\&=\frac{(n+r-2)!}{(r-1)!(n-2)!}\frac{(n+r-1)}{r(n-1)}\\&=\frac{(n+r-1)!}{r!(n-1)!}={}_{n}\mathrm{H}_{r}\end{aligned}$$

이다.

x, y, z, u는 각각 음이 아닌 정수이므로, $x+y+z+u$는 $0, 1, 2, 3, 4, 5$가 될 수 있다.

$x+y+z+u$의 값을 공의 총 갯수라고 하고, x, y, z, u를 각각 서로 다른 공이라고 하면, 네 종류의 공을 한 주머니에 넣는 방법의 수를 묻는 문제와 같다.

1) $x+y+z+u=0$일 때, 공이 없는 경우이므로 $_{4}\mathrm{H}_{0}=1$가지이다.

2) $x+y+z+u=1$일 때, 공이 1개인 경우이므로, 중복조합을 사용하면 $_{4}\mathrm{H}_{1}$이다.

   즉, 네 종류의 공 중 하나를 선택한 것이다.

3) $x+y+z+u=2$일 때, 공이 2개인 경우이므로 $_{4}\mathrm{H}_{2}$이다.

이와 같이 $x+y+z+u<6$은

$$\sum_{n=0}^{5}{}_{4}\mathrm{H}_{n}={}_{4}\mathrm{H}_{0}+{}_{4}\mathrm{H}_{1}+{}_{4}\mathrm{H}_{2}+{}_{4}\mathrm{H}_{3}+{}_{4}\mathrm{H}_{4}+{}_{4}\mathrm{H}_{5}={}_{5}\mathrm{H}_{5}$$

이다.

왜냐하면, 나를 포함한 n명 중 중복을 허락하여 r명을 뽑는 경우, ${}_{n}\mathrm{H}_{r}$은 두 가지 상황으로 나눌 수 있다.

i) 뽑힌 r명에 내가 포함되지 않는 경우, 전체 $(n-1)$명 중 중복하여 r명 뽑기이므로 ${}_{n-1}\mathrm{H}_{r}$

ii) 뽑힌 r명에 내가 포함되는 경우, 중복 가능하므로 전체 n명 중 중복하여 $(r-1)$명 뽑기이므로 ${}_{n}\mathrm{H}_{r-1}$

i)과 ii)의 합이 ${}_{n}\mathrm{H}_{r}={}_{n-1}\mathrm{H}_{r}+{}_{n}\mathrm{H}_{r-1}$이다. 이 식에 $n=5$, r에 1부터 5까지 대입한 것을 각각 더하면,

$$\begin{array}{rl} & {}_{5}\mathrm{H}_{1}={}_{4}\mathrm{H}_{1}+{}_{5}\mathrm{H}_{0} \\ & {}_{5}\mathrm{H}_{2}={}_{4}\mathrm{H}_{2}+{}_{5}\mathrm{H}_{1} \\ & {}_{5}\mathrm{H}_{3}={}_{4}\mathrm{H}_{3}+{}_{5}\mathrm{H}_{2} \\ & {}_{5}\mathrm{H}_{4}={}_{4}\mathrm{H}_{4}+{}_{5}\mathrm{H}_{3} \\ +) & \underline{{}_{5}\mathrm{H}_{5}={}_{4}\mathrm{H}_{5}+{}_{5}\mathrm{H}_{4}} \end{array}$$

$${}_{5}\mathrm{H}_{5}={}_{5}\mathrm{H}_{0}+{}_{4}\mathrm{H}_{1}+{}_{4}\mathrm{H}_{2}+{}_{4}\mathrm{H}_{3}+{}_{4}\mathrm{H}_{4}+{}_{4}\mathrm{H}_{5}=\sum_{n=1}^{5}{}_{4}\mathrm{H}_{n}$$

$$(\because {}_{5}\mathrm{H}_{0}={}_{4}\mathrm{H}_{0}=1)$$

따라서 정수 순서쌍 (x, y, z, u)의 개수는 ${}_{5}\mathrm{H}_{5}={}_{9}\mathrm{C}_{5}=\dfrac{9!}{4!5!}=126$이다.

풀이 7	중복조합을 같은 것이 있는 순열로 해석함.
덧붙여	중복조합은 같은 것이 있는 순열로 해석하여 경우의 수를 구할 수 있는데, 풀이 7의 경우 $x'+y'+z'+u'$의 값에 따라서 각 경우의 수를 구할 수 있다.

▌핵심 개념 중복조합 vs. 같은 것이 있는 순열

a, b, c를 각각 2, 1, 1개씩 택한 조합인 $aabc$는 다음과 같이 나타낸다.

$aabc$ ➜ ● ● ▌● ▌●

즉 왼쪽부터 첫 번째 ▌의 왼쪽의 ●는 a, 첫 번째 ▌와 두 번째 ▌ 사이의 ●는 b, 두 번째 ▌의 오른쪽의 ●는 c를 나타낸다.
그러면 세 문자 a, b, c에서 중복을 허락하여 네 문자를 택하는 조합은 4개의 ●와 $(3-1)$개의 ▌로 이루어진 순열로 볼 수 있다.
따라서 구하는 조합의 수는 같은 것이 있는 순열의 수를 구하는 식에 의하여

$$_4\mathrm{H}_3=\frac{\{4+(3-1)\}!}{4!(3-1)!}=\frac{6!}{4!2!}=15$$

임을 알 수 있다.

$4 \le (x+1)+(y+1)+(z+1)+(u+1) < 10$로 둔다. 즉, x, y, z, w가 음이 아닌 정수이기 때문에 각각 1을 더해주어 x, y, z, w가 양의 정수가 되도록 조건을 바꾸어, $x'=x+1,\ y'=y+1,\ z'=z+1,\ u'=u+1$로 치환하자.

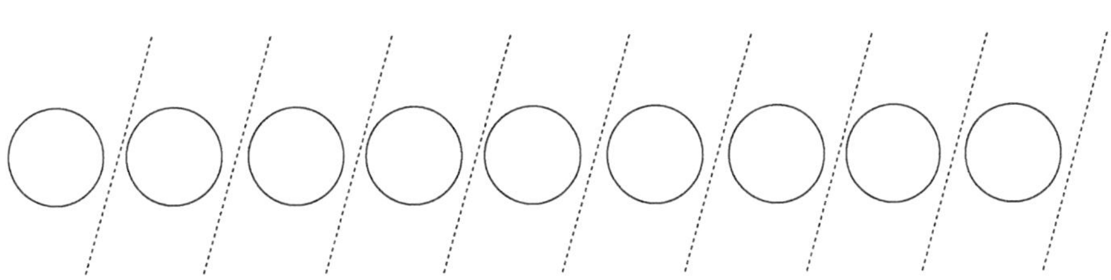

먼저, $x'+y'+z'+u'=9$를 구해보자. 공이 9개 있고 공 사이사이에 칸막이를 넣으려고 한다. 8개의 칸막이 중에 3개를 선택해보자. 그렇다면 4개의 공간 사이에 공이 각각 몇 개씩 들어가는지가 나누어진다. 8개 중에 3개를 선택하는 조합의 수이므로 $_8\mathrm{C}_3$이다. 그렇다면 $x'+y'+z'+u'=8$라면 7개의 칸막이 중에 3개를 선택하는 조합의 수

이므로 ${}_7\mathrm{C}_3$이다. 이를 반복하면, $x'+y'+z'+u'=4$의 경우에서는 ${}_3\mathrm{C}_3$이다.

따라서 $\sum_{k=3}^{8} {}_k\mathrm{C}_3 = {}_3\mathrm{C}_3 + {}_4\mathrm{C}_3 + {}_5\mathrm{C}_3 + {}_6\mathrm{C}_3 + {}_7\mathrm{C}_3 + {}_8\mathrm{C}_3 = 126$이다.

풀이 8	**중복조합이 아닌, 평면의 방정식과 계차수열을 이용함.**
덧붙여	조합 문제는 동형인 상황으로 해석하여 해결한 경우를 풀이 6(등식 ${}_n\mathrm{H}_r = {}_{n-1}\mathrm{H}_r + {}_n\mathrm{H}_{r-1}$에 대한 설명), 풀이 7(중복조합을 같은 것이 있는 순열로 설명)에서 볼 수 있었다. 이와 같이 x, y, z를 공간좌표의 축으로 해석하여 평면과 세 평면 xy, yz, zx 사이의 음이 아닌 정수 격자점의 개수를 세면 문제를 해결할 수 있다.

$x+y+z+u<6$에서 u를 이항하면 $x+y+z<6-u$이다. 이 부등식에서 $u=0$일 때 $x+y+z<6$이 성립한다. 따라서 가능한 $x+y+z$의 값은 $0,1,2,3,4,5$이다.[1] 이 6가지 경우를 조사하는 것은 $u=0$일 때의 근을 구하는 것과 같다.

방정식 $x+y+z=0,1,2,3,4,5$는 공간좌표에서 법선벡터가 $(1,1,1)$인 평면의 방정식이고, 이 평면의 방정식의 방향코사인 값은 모두 같다. 따라서 이를 공간좌표에 나타내면 다음 그림과 같다. (단, $0 \le x < 6$, $0 \le y < 6$, $0 \le z < 6$, $n=0,1,2,3,4,5$)

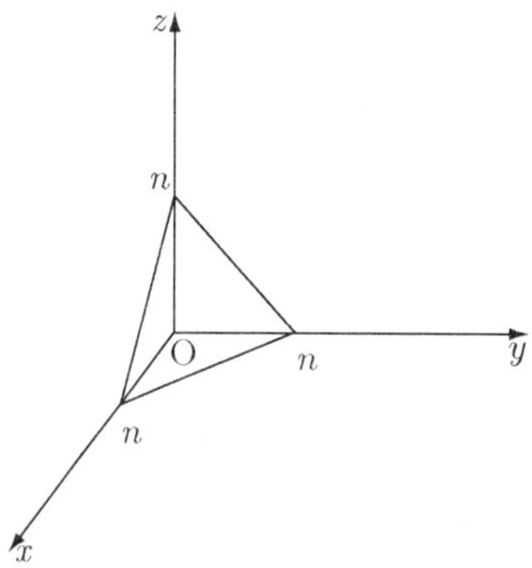

1) 정수 집합의 원소는 덧셈에 대하여 닫혀있다.

$u=0$일 때의 $x+y+z+u<6$를 만족하는 순서쌍 (x, y, z)를 구하는 것은 위 그림에서 점의 좌표가 음이 아닌 정수인 점을 구하는 것과 같다.

다음 그림은 n이 $0, 1, 2$일 때 공간좌표에서 평면 $x+y+z=n$ 위의 점 중 좌표가 음이 아닌 정수인 점을 나타낸 것이다.

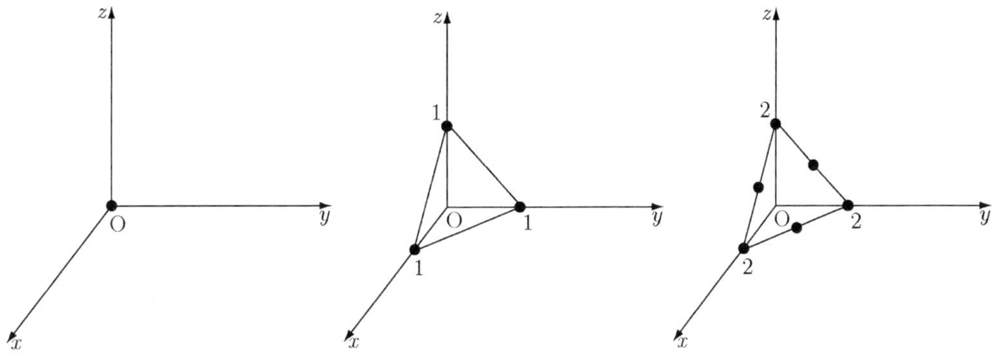

$n=0$일 때 　　 $n=1$일 때 　　 $n=2$일 때

즉 $n=1, 2, 3, \cdots$일 때, 좌표가 음이 아닌 정수인 점의 개수는 $1, 3, 6, \cdots$이다.

그런데 법선벡터가 $(1,1,1)$이므로 음이 아닌 정수인 점의 개수는 계차수열을 이룬다.[2] 참고로 $n=3$일 때의 그림은 다음과 같다.

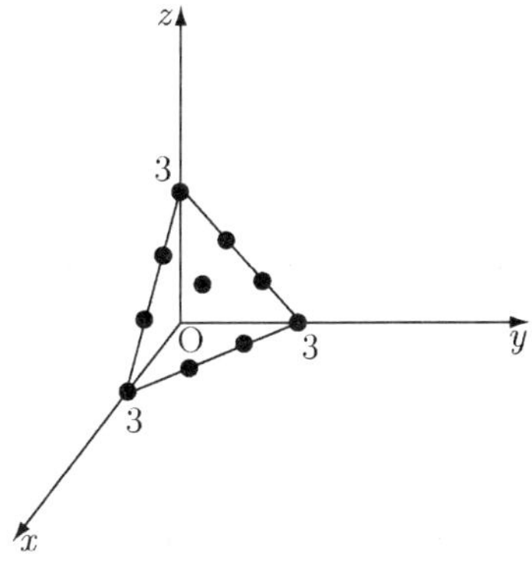

$n=3$일 때

2) 이차원 평면에서 $|x|+|y| \leq n$을 만족하는 좌표가 정수인 점들의 개수는 n에 대한 이차식 즉, $\left(n\text{의 일차항}+\sum_{k=1}^{n-1}k\text{의 일차항}\right)$꼴로 표현되어 계차수열로 표현된다.

따라서 ($u=0$ 일 때) $n=1, 2, 3, 4, 5$까지 음이 아닌 정수인 점의 개수는 $1+3+6+10+15+21$이다. 또 $u=1$, $u=2$, $\cdots$, $u=5$일 때는 n의 최댓값이 각각 4, 3, $\cdots$, 0이 되기 때문에 구하는 점들의 개수는

$u=0$일 때 $1+3+6+10+15+21$(개)

$u=1$일 때 $1+3+6+10+15$(개)

$u=2$일 때 $1+3+6+10$(개)

$u=3$일 때 $1+3+6$(개)

$u=4$일 때 $1+3$(개)

$u=5$일 때 1(개)

위 점들을 모두 더하면 126이다. 따라서 음이 아닌 정수해의 모든 쌍은 126개다.

풀이 9	이차원 평면에서 순서쌍으로 변수를 분리함.
덧붙여	x축, y축, $x+y \le n$이 이루는 영역의 격자점의 개수를 구하는 보조정리를 통하여 주어진 부등식 문제를 해결할 수 있다.

보조정리	x축, y축, $x+y \le n$으로 둘러싸인 영역의 음이 아닌 정수해의 격자점의 개수는 $\dfrac{(n+1)(n+2)}{2}$이다 (단, n은 음이 아닌 정수).

$x+y+z+u=(x+y)+(z+u)<6$에서 $x+y=k$라 하면, $z+u \le 5-k$이다.

이때, 순서쌍 (x,y)의 개수는 $k+1$이고, 순서쌍 (z, u)의 개수는 위의 보조정리에 따라 $\dfrac{(6-k)(7-k)}{2}$이다. 위의 두 경우($x+y=k$, $z+u \le 5-k$)는 독립이므로, 부등식 $x+y+z+u<6$을 만족하는 순서쌍 (x, y, z, u)의 개수는

$$\sum_{k=0}^{5} \frac{(k+1)(6-k)(7-k)}{2}=126$$

이다.

다풀이 (14)

고등학교 수학 수업에서 다루는 확률 교육은 조합론에 기초하여 수학적 확률로 정의된다. 확률에 대한 고전적 관점은 Laplace의 관점이다. Laplace는 세계가 이미 확고하게 결정되어 있으며 우연이라는 것은 존재하지 않는다고 믿었다. Laplace는 사건 A의 확률 P(A)를 '시행에서 가능한 모든 경우의 수에 대하여 사건 A가 일어나는 경우의 수의 비율'로 정의하였다. 이 관점은 시행을 하기 전에 확률 계산이 가능하다는 확률에 대한 선험적 접근이다. 이 관점과 밀접하게 관련이 있는 것이 확률 개념을 세는 활동 또는 넓이로 환원하는 기하학적 확률이다. 확률에 관한 빈도적 관점에서는 확률을 무한 번 또는 충분히 많은 횟수의 실험을 하여 구할 수 있는 특정한 사건이 발생하는 상대도수의 극한값으로 정의한다. 이와 같이 빈도적 관점은 경험에 의하여 확률 값을 얻게 되므로 경험적 확률이라고 불리기도 한다.

다풀이 [13]의 풀이들은 2009 개정 교육과정을 기준으로 할 때, 확률과 통계 과목의 순열과 조합 영역, 확률 영역의 내용을 이용한 풀이였다.

확률과 통계	
영역	내용
순열과 조합	• 경우의 수
확률	• 확률의 뜻과 활용

문제

1에서 8까지의 자연수를 일렬로 나열할 때, 1과 8사이에 적어도 하나의 짝수가 나열될 확률을 구하여라.

풀이 1	경우의 수를 고려하여 확률을 구함.
덧붙여	적어도 하나의 홀수가 존재해야 하므로, 1과 8 사이에 존재하는 홀수의 개수에 따라 경우를 나누어 해결할 수 있다.

(1) 1과 8사이에 숫자가 존재하지 않는 경우

1과 8의 자리를 바꾸는 경우의 수는 2!이므로 1과 8을 한 묶음으로 생각하여 총 경우의 수는 $2!\times 7!$이 된다.

(2) 1과 8사이에 홀수가 1개인 경우

1과 8의 자리를 바꾸는 경우의 수는 2!이고 홀수가 1개인 경우는 세 수 3, 5, 7 중 하나이므로 ${}_3P_1$가지의 경우가 있다. 따라서 1과 8과 그 사이의 하나의 홀수를 한 묶음으로 생각하면 총 경우의 수는 $2!\times {}_3P_1 \times 6!$이 된다.

(3) 1과 8사이에 홀수가 2개인 경우

1과 8의 자리를 바꾸는 경우의 수는 2!이고 홀수가 2개인 경우는 세 수 3, 5, 7 중 두 개의 수를 뽑는 경우의 수이므로 ${}_3P_2$가지의 경우가 있다. 따라서 1과 8과 그 사이의 두 개의 홀수를 한 묶음으로 생각하면 총 경우의 수는 $2!\times {}_3P_2 \times 5!$이 된다.

(4) 1과 8사이에 홀수가 3개인 경우

1과 8의 자리를 바꾸는 경우의 수는 2!이고 홀수가 3개인 경우는 세 수 3, 5, 7 중 세 개의 수를 뽑는 경우의 수이므로 ${}_3P_3$가지의 경우가 있다. 따라서 1과 8과 그 사이의 세 개의 홀수를 한 묶음으로 생각하면 총 경우의 수는 $2!\times {}_3P_3 \times 4!$이 된다.

그리고 1에서 8까지의 수를 나열하는 총 경우의 수는 8!이 된다.
따라서, 1과 8사이에 짝수가 적어도 1개 이상 존재하는 경우는

$$\frac{8!-2!\times({}_3P_1\times 6!+{}_3P_2\times 5!+{}_3P_3\times 4!)}{8!}=\frac{3}{5}$$

가 된다.

풀이 2	여사건을 이용하여 확률을 구함.
덧붙여	적어도 하나의 홀수가 존재하는 사건의 여사건은 1과 8사이에 짝수가 존재하지 않는 사건이다. 이러한 경우를 고려하여 문제를 해결할 수 있다.

8개의 수를 나열하는 방법의 수는 8!이다. 문제에서 1과 8 사이에 짝수가 오지 않음은 1과 8 사이 밖에 짝수들이 나열된다는 의미이다.

먼저 1, 2, 4, 6, 8을 나열하는 경우를 생각해 보자.

이 경우 2, 4, 6과 1, 8을 하나로 보고 나열시키는 경우를 생각하면 된다.

즉, 네 개의 수를 나열하는 경우를 생각한다. 여기서, 2, 4, 6은 서로 자리를 바꿀 수 있고, 1과 8도 서로 바꿀 수 있으므로 $4\times3!\times2!=96$이 된다.

이제 3, 5, 7을 나열하는 경우를 생각해 보자. 이 경우에는 1과 8 사이에 수가 올 수 있으므로 각각 6가지, 7가지, 8가지의 경우가 된다.

즉, $8\times7\times6\times(4\times3!\times2!)$의 경우의 수가 된다.

따라서, 구하는 확률은 $1-\dfrac{8\times7\times6\times(4\times3!\times2!)}{8!}=\dfrac{3}{5}$이다.

다풀이 (15)

두 개의 변수를 가진 로그식의 최댓값을 구하는 문제는 로그함수의 진수조건을 이용하여 산술-기하 평균을 이용하거나, 로그 밑변환을 통하여 유리함수로 변환하여 해결할 수 있는데, 이러한 방법은 학습한 수학 내용에 대한 새로운 관점을 제공한 문제해결전략이었다. 또한, 최댓값을 구하는 문제에서 공통적으로 적용하는 전략인 하나의 변수로 정리하거나 미분법을 이용한 문제해결전략도 가능하다.

다풀이 [15]의 풀이들은 2009 개정 교육과정을 기준으로 할 때, 수학 I 과목의 방정식과 부등식 영역, 수학 II 과목의 지수와 로그 영역, 미적분 II 과목의 지수함수와 로그함수의 내용을 이용한 풀이였다.

수학 I		수학 II	
영역	내용	영역	내용
방정식과 부등식	• 이차방정식과 이차함수 • 여러 가지 부등식	지수와 로그	• 지수 • 로그

미적분 II	
영역	내용
지수함수와 로그함수	• 지수함수와 로그함수의 뜻과 그래프 • 지수함수와 로그함수의 미분

문제

양수 x, y에 대하여 $4x+y=16$일 때, $\log_2 x+\log_2 y$의 최댓값을 구하여라.

풀이 1	이차함수를 이용함.
덧붙여	진수의 식을 하나의 변수로 정리하면 이차함수로 정리되어 문제를 해결할 수 있다.

$y=16-4x$을 $\log_2 x+\log_2 y$에 대입하면,

$$\log_2 x+\log_2(16-4x)=\log_2(-4x^2+16x)=\log_2\{-4(x-2)^2+16\}$$

이므로 $x=2$일 때, 최댓값 $\log_2 16=4$이다.

풀이 2	산술-기하 평균을 이용함.
덧붙여	로그의 진수 조건이 양수이므로, 이와 관련된 산술-기하 평균을 이용하여 문제를 해결할 수 있다.

조건 $x>0$, $y>0$에서 산술-기하 평균을 이용하면,

$16=4x+y\geq 2\sqrt{4xy}$, $16\geq 4\sqrt{xy}$, $4\geq \sqrt{xy}$ 이므로, $16\geq xy$이다. 즉, xy의 최댓값은 16이다. $\log_2 x+\log_2 y=\log_2 xy$이므로 xy의 최댓값이 16이므로 $\log_2 xy$의 최댓값은 $\log_2 16=4$이다.

❙ 풀이 3	방정식을 이차함수와 상수함수로 분리하여 생각함.
❙ 덧붙여	로그를 없애고, 이차함수와 상수함수의 교점을 이용하여 주어진 문제를 해결할 수 있다.

$\log_2 x + \log_2 y = k$라 하면, $\log_2 x + \log_2 y = \log_2 xy = k$이므로 $xy = 2^k$이다.

$y = 16 - 4x$이므로 $xy = 2^k$에 대입하면, $x(16-4x) = 2^k$이다. 2^k는 상수함수이므로 k가 최대일 때, 2^k의 값도 최대이다. 따라서, 두 함수 $y = x(16-4x)$와 $y = 2^k$의 그래프의 교점의 y좌표가 최댓값일 때의 x좌표를 구하면 된다. 이를 그래프로 표현하면, 다음과 같다.

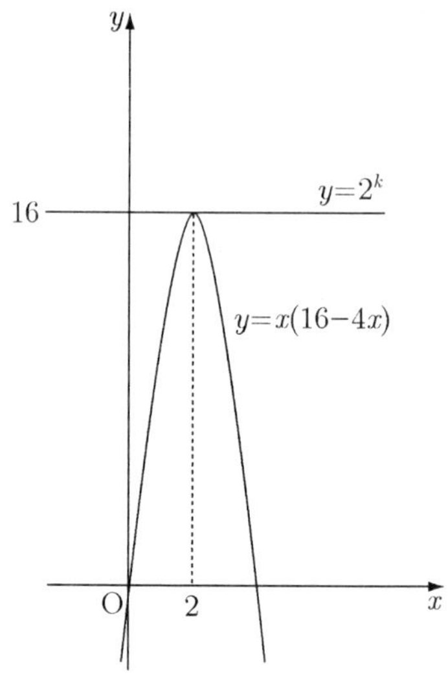

x좌표가 2일 때, 2^k의 값이 최대가 되므로, k의 값도 최대이다. 따라서 $x(16-4x) = 2^k$에서 $x = 2$일 때 $k = 4$이다.

▎풀이 4	로그 밑변환을 이용하여 유리함수와 이차함수로 생각함.
▎덧붙여	로그의 연산 성질인 로그 밑변환을 이용하여 로그함수를 유리함수로 바꾸고, 이차함수와의 교점이 존재할 때, k의 최댓값을 구할 수 있다.

$\log_2 x + \log_2 y = k$라 하면, $\log_2 y = -\log_2 x + k$이므로 정리하면

$$y = 2^{(-\log_2 x)+k} = 2^{-\log_2 x}\, 2^k \cdots ①$$

이다.

로그연산의 성질 $a^{\log_b c} = c^{\log_b a}$를 이용하면, $2^{-\log_2 x} = 2^{\log_2 \frac{1}{x}} = \left(\frac{1}{x}\right)^{\log_2 2} = \frac{1}{x}$ 이다.

함수식 ①은 $y = \frac{2^k}{x}$ 이므로, 두 함수 $y = \frac{2^k}{x}$ 와 $4x + y = 16$의 그래프의 교점을 찾는다.

$y = -4x + 16$이므로 다음 그림과 같이 두 함수 $y = \frac{2^k}{x}$ 와 $4x + y = 16$의 그래프에서, 2^k가 최대일 때의 두 함수 $y = \frac{2^k}{x}$, $4x + y = 16$의 그래프의 교점은 직선과 유리함수가 접할 때이다.

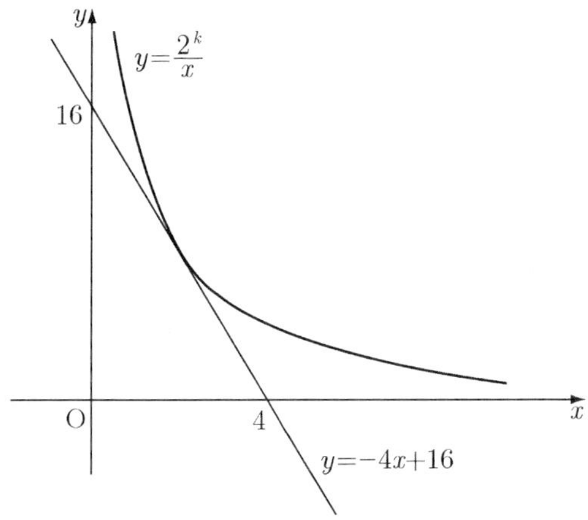

함수 $y=\dfrac{2^k}{x}$ 위의 접점 $\left(t, \dfrac{2^k}{t}\right)$이라 하면, 접점의 좌표가 $\left(t, \dfrac{2^k}{t}\right)$이고, 기울기가 -4인 직선의 방정식은 $-4(x-t)=y-\dfrac{2^k}{t}$이다. 이 직선의 방정식이 $y=-4x+16$이어야 하므로, $-4x+4t+\dfrac{2^k}{t}=-4x+16$이다. 계수를 비교하면, $4t+\dfrac{2^k}{t}=16$이고 조건 $x>0$, $y>0$이므로 $t>0$이고 $4t^2+2^k=16t$이다.

t는 접점이므로 t에 대한 이차방정식 $4t^2-16t+2^k=0$은 중근을 가진다. 판별식 $D=16^2=16\cdot 2^k=0$, $2^k=16$이므로 $k=4$이다. 따라서 최댓값은 4이다.

❙ 풀이 5	미분법을 이용함.
❙ 덧붙여	주어진 두 개의 식을 정리하여 하나의 함수로 표현하고 미분을 이용하여 최댓값을 구할 수 있다.

$f(x)=\log_2 x+\log_2 y$라 하고, $y=-4x+16$을 대입하면,

$$f(x)=\log_2 x+\log_2(-4x+16)=\log_2(-4x^2+16x)$$

이다.

미분하면, $f'(x)=\dfrac{-8x+16}{(-4x^2+16x)\ln 2}$이므로 $f'(x)=0$인 x를 찾으면, $x=2$일 때 극댓값을 갖는다.

그런데 진수 조건에 의하여 $x>0$이고 함수 $f(x)=\log_2(-4x^2+16x)$에서 진수인 $-4x^2+16x>0$이어야 하므로, $0<x<4$이다.

따라서 함수 $f(x)$는 $x=2$에서 최댓값을 갖는다. 최댓값 $f(2)=\log_2 16=4$이다.

오혜미

• 서울대학교 수학교육학 박사수료

• 현재 경기 보평고등학교 수학교사

다풀이수학시리즈 • 1
고등학교 문제로 엮은 **다풀이 수학**

초판 인쇄 / 2015년 1월 15일
초판 발행 / 2015년 1월 20일

지은이 / 오혜미
펴낸이 / 오판근
펴낸곳 / 교우사
출판등록 / 1994년 3월 24일 제6-0256호
주소 / 서울특별시 동대문구 약령시로 8 교우빌딩 2층
전화 / 02)925-2861(대표), 02)925-2825(편집부), 969-5762(홈쇼핑)
팩스 / 02)925-2860
kyowoo@kyowoo.co.kr
http://www.kyowoo.co.kr

ISBN 979-11-251-0076-8 (94410)
979-11-251-0075-1 (세트)

값 **12,000**원